幸福教育
源何处

陈　果／编著

东北师范大学出版社

长　春

图书在版编目（CIP）数据

幸福教育源何处 / 陈果编著. — 长春：东北师范
大学出版社，2020.8
ISBN 978-7-5681-7074-1

Ⅰ.①幸… Ⅱ.①陈… Ⅲ.①幼教人员—师资培养—
研究 Ⅳ.①G615

中国版本图书馆CIP数据核字（2020）第148203号

□策划创意：刘　鹏
□责任编辑：邓江英　刘贝贝　　□封面设计：姜　龙
□责任校对：刘彦妮　张小娅　　□责任印制：许　冰

东北师范大学出版社出版发行
长春净月经济开发区金宝街 118 号（邮政编码：130117）
电话：0431-84568115
网址：http://www.nenup.com
北京言之凿文化发展有限公司设计部制版
北京政采印刷服务有限公司印装
北京市中关村科技园区通州园金桥科技产业基地环科中路 17 号（邮编：101102）
2022年6月第1版　　2022年6月第1次印刷
幅面尺寸：170mm×240mm　印张：9.75　字数：158千

定价：45.00元

熬一锅幸福教育的汤

小寒刚过，北京"喜提"2020年第一场雪，故宫雪景扑面而来，也让我想起这首白居易的《问刘十九》："绿蚁新醅酒，红泥小火炉。晚来天欲雪，能饮一杯无？"这首小诗之所以让我印象深刻，因为不止一次听陈果——本书作者，一边举杯畅饮，一边吟诵。我与陈果不时以茶叙家常，所以，当她请我为《幸福教育源何处》写序时，我欣然应允。

幸福是一个亲切又遥远的话题。

《石头汤》中，年轻的阿福问年长的阿寿：什么使人幸福？阿寿说：我们去找找看。哈佛大学的泰勒·本–沙哈尔博士给了你《幸福的方法》，但"你必须把它看作一本练习册，练习内容包括反思和行动。"看了《石头汤》，我觉得幸福是开放、接纳和共享，幸福需要寻找。看了《幸福的方法》，我觉得幸福是生活态度，是人生目标，也可以说是生存能力的体现，幸福需要练习。

幸福需要寻找和练习，《幸福教育源何处》这本书是陈果个人寻找和练习幸福的写照。1995年3月，东莞诺基亚移动电话有限公司成立，标志着东莞迎来"第二次工业革命"——产业结构升级，而伴随着产业结构升级的是对人才的吸引和对教育发展的提速。那一段时期，东莞从全国各地引进了大批人才，为后续发展积蓄能量。这一年，刚中师毕业的陈果只身来到东莞，放弃家乡的"铁饭碗"，来到一个农村学校担任临时代课教师。她从临时代课教师迅速成长为幼儿园园长……2006年，她放弃镇区的优越条件来到松山湖做一名普通小学教师；2016年，从驾轻就熟的中层岗位转任松山湖第一所公办幼儿园园长。她任教的学科跨越英语、音乐、语文，从事的岗位有教师、德育主任、园长，专业成长，德育浸润，她那一杯酒越酿越醇香。

着眼于幸福是一种能力，《幸福教育源何处》这本书记录了陈果的思索——如何让孩子从小拥有这种能力。无论是自驾游策略、领头雁策略还是幸福教育之旅，她不断成长，又不断放空，因而不断呈现。所以，看完整本书，你会发现，幸福教育源何处？！这既是问也是答，既在追寻也是收获，既是思考也在践行。《石头汤》中最开始只是三个和尚在煮，后来越来越多的人加入。陈果提出的幸福教育，一开始也只是少数人在做，我想以后会有越来越多的人加入其中，共熬一锅幸福教育汤。

在我看来，这本书不能涵盖陈果24年来对教育的追寻、奋斗和思考，只能说是"冰山一角"，期待她更多著作。

是为序。

叶 妍

东莞松山湖科技教育局教育科

第一章　教师成长之路 \ 1

教学设计——深耕细作 …………………………………… 2

　　"他（她）真＿＿＿＿＿"教学设计 ………………………… 2

　　《黄鹤楼送孟浩然之广陵》教学设计 …………………… 5

　　《和我们一样享受春天》教学设计 …………………… 7

　　《落花生》教学设计 ……………………………………… 10

　　《五花山》教学设计 ……………………………………… 13

　　"结构规律——左右对称"教学设计 ………………… 16

　　走近伟人，领略风采；整合阅读，领悟写法 ………… 18

教学感悟——空杯心态 …………………………………… 23

　　开放：勇于舍弃，乐于接纳 …………………………… 24

　　放下：倒空自己，超越自我 …………………………… 25

　　重生：勇于归零，积蓄能量 …………………………… 27

第二章　德育管理之言 \ 31

教师——将幸福进行到底！ ……………………………… 32

且行且思考，且行且珍惜！ ……………………………… 37

班队精神家园建设：看似无形，实则有道 …………… 40

超越学科化思维的品德课程重建 ……………………… 45

有一份记忆叫情怀 ················ 50

我们的追求与建议 ················ 55

风雨无阻　执着前行 ················ 61

聆听智者的声音，让我们飞得更高！ ················ 65

让我慢慢地走近你 ················ 68

"惩罚"，也需要艺术！ ················ 71

第三章　自驾游策略 ＼ 75

自驾游活动策略概述 ················ 76

自驾游活动实录选辑 ················ 77

游记：上海，体验型课程的收获之路 ················ 77

游记：贵阳，体验型课程的观摩之行 ················ 79

德育主题活动案例：保护鸡蛋 ················ 81

德育主题活动案例：爱我现在的时光 ················ 83

德育主题活动案例：体验，甚于教化万千 ················ 86

第四章　领头雁策略 ＼ 89

领头雁活动策略概述 ················ 90

领头雁活动实录选辑 ················ 94

研修心得：八仙过海"写"神通 ················ 94

研修心得：从一无所有到满载而归 ················ 96

研修心得：一手硬笔好字教学方法 ················ 97

研修心得：从繁杂到简约 ················ 99

研修心得：研修心路历程 ················ 100

研修心得：外行人也能做好内行事 ················ 102

研修心得：做好一盘"土豆丝" ………………………… 104

四十分钟长课教学设计：左右结构的规律 ………… 105

十四分钟短课教学设计：短横与长横 ………… 110

十四分钟短课教学设计：写好主笔 ………… 115

十四分钟短课教学设计：两连撇，三连撇（行楷） ………… 117

第五章　幸福教育之旅 ＼ 121

小活动蕴含大智慧 ………………………… 122

东莞幼教人　北京逐梦行 ………………… 126

幸福教育理念下的幼儿园课程游戏化的探索与实践研究 ……… 129

宝岛行　两岸情 ………………………… 136

办一所有幸福感的本真乐园 ………………… 140

后　记 ………………………… 144

做教师，从会教、能教到擅教，需要教师的勤奋，更需要教师的悟性，课堂下深耕细作，课堂上方能游刃有余。教师成长之路，且行且珍惜！

第一章

教师成长之路

幸福

教学设计——深耕细作

"他（她）真_____"教学设计

东莞松山湖中心小学　陈　果

【教学目标】

（1）指导学生抓住人物的特点，通过描写人物的语言和动作，将人物刻画得生动具体。

（2）培养学生认真观察的习惯。

【教学重难点】

让学生学会通过描写语言和动作将人物写具体的方法。

【教学准备】

例句收集、作文本。

【教学时间】

一课时。

【教学过程】

（一）感知课文，体会动作描写的作用

（1）人物描写方法回顾：心理描写、动作描写、外貌描写、语言描写。

（2）人物描写片段回顾：

严监生喉咙里的痰响得一进一出，一声接一声的，总不得断气，还把手

从被单里拿出来，<u>伸</u>着两个指头。

他把两眼<u>睁</u>得滴溜圆，把头又狠狠地<u>摇</u>了几摇，越发<u>指</u>得紧了。

他听了这话，把眼<u>闭</u>着<u>摇</u>头，那手只是<u>指</u>着不动。

众人看严监生时，<u>点</u>一<u>点</u>头，把手<u>垂</u>下，登时就没了气。

（3）师生交流：这个片段写了谁？他有何特点？你是从哪些词语看出来的？（随机出示动词）这个片段写的是严监生在苟延残喘之际还舍不得那点灯油钱的事。作者是用什么方法来体现的？（动作描写）

（4）指名生说人物性格特点，导入课题。

出示大屏幕：他真_____。

（5）板书：人物—特点—事例—表现。

（二）例句引路，巩固认知

1. 出示例句，让学生体会语言和动作描写的作用

（1）例句朗读：

她在小溪水里慢慢移动着，左脚轻轻地抬起一点，向前迈了一小步，右脚再慢慢拖向前，好像穿着千斤重的鞋。她把帽子扭了扭正，躬着背，低着头，眯着眼，双手做出捧东西的样子。这时，她停下脚步，不再东张西望，对着右边的一个地方目不转睛，猛然把手向水中一扎，将一条小鱼捧在手中了。

（2）体会动作描写，强化朗读，感受人物性格特点。

（3）指名生说人物性格特点，深化主题。

出示大屏幕：她真_____（认真）。

（4）例句朗读：

小王走在路上，突然后面蹿出一辆自行车，小王还没反应过来，骑车的老头便对着小王大叫："你这个人怎么回事？走路不长眼睛吗？没看见我从后面骑着车过来了，还不躲着点。告诉你，撞出毛病可别找我。"小王尴尬地站在那里。

（5）师生交流：骑车的老头是个怎样的人？你从哪看出来的？

（6）指名生说人物性格特点，深化主题。

出示大屏幕：他真_____（霸道）。

（7）对比阅读：体会动作、语言描写的作用。

人物描写片段1：

小红如小霸王一般，叫小东去做值日，小东没去。小红又叫小东去，小东只好去了。

人物描写片段2：

小红如小霸王一般霸气地站着，指着小东说："你做不做值日？做不做？"小东有些害怕了，向后缩了缩。小红则更进一步，把眼睛一瞪："还不快去做值日！"小东不敢不服从，一溜烟去做值日了。小红自言自语："哼，看你下次还想逃跑！"

（8）指名生说人物性格特点，深化主题。

出示大屏幕：她真_____（泼辣）。

（9）回归板书，理清脉络。

2. 以书为本，让学生找例句

（略）

（三）小组合作，口头训练

提出口头训练的三要求：你周围的哪个人特点最鲜明？他（她）做的哪件事最能突出这个特点？说说这件事的经过，并运用语言、动作描写将人物形象表现得更鲜活。

（1）师出示题目1：她真可爱！指名生口头描述人物描写片段。

（2）师出示题目2：他真淘气！指名生口头描述人物描写片段。

（3）师点评并做小结。

（四）谋篇布局，梳理思路

1. 分层作业，快乐练笔

（1）快乐级：从刚才归纳的写人的方法中选择一种进行人物描写。

（2）挑战级：运用所学方法，选择两种方法介绍自己身边特点鲜明的人。

2. 师生评价

（略）

（五）课堂总结

我们要想写活人物，应该根据文章的内容和表达的需要、根据人物的特点，选准方法，进行细致描写，这样才能写出鲜活的人物。

【板书设计】

人物—特点—事例—表现

[2013年11月，参加语文磨课俱乐部，展示六年级习作片段教学"他（她）
真_____"，并获得松山湖语文教学设计评比一等奖。]

《黄鹤楼送孟浩然之广陵》教学设计

东莞松山湖中心小学　陈果

【教学目标】

（1）学生能认识生字"鹤、孟、陵"，会写"陵""辞"。
（2）让学生有感情地朗读古诗，学生能背诵古诗。
（3）学生能理解古诗内容，想象诗中情境，体会朋友间的真情。

【教学重难点】

学生能感悟诗境，有感情朗读。

【教学准备】

相关图片及课件。

【教学时间】

一课时。

【教学流程】

（一）谈话导入

（1）学生背诵在诵读课上学过的古诗词。

（2）背诵李白的《赠汪伦》。

（3）《赠汪伦》是一首送别诗，今天我们再来学习一首李白写的送别诗——《黄鹤楼送孟浩然之广陵》。

（二）初读，读通诗句

（1）读题。强调生字"鹤、孟、陵"的读音。由"鹤"字引出黄鹤楼介绍，由"陵"引出地名广陵。

（2）初读。让学生自由读这首诗。强调生字"辞""唯"的读音和含义。

（3）写字。让学生写诗中的"陵"和"辞"两个生字。

（4）按节奏读诗。师生合作按诗歌的节奏读诗。

（三）二读，理解诗意

（1）读中释疑。同学们再读读诗，想一想这首诗的大意是什么。不明白的地方可以看注释，可以问老师，还可以跟小组同学讨论。

（2）逐步解诗意。

（3）诗画升华，解诗意。

（四）再读，品悟诗情

1. 古诗背景介绍

李白一直仰慕孟浩然的才华，一次偶然的机会，李白得知孟浩然就隐居在附近的襄阳，于是他专程前往拜见孟浩然。28岁的李白与40岁的孟浩然一见如故，相见恨晚。于是，他们看庭前花开花落，望天空云卷云舒，在悠闲与快乐中度过一段时光。这天，孟浩然要去扬州，此时的扬州春意盎然，繁花似锦，李白真想与好友一起乘船前往，可是自己刚好有事无法一同前往，于是两人在黄鹤楼相别。好友即将离去，李白思绪万千，挥笔写下这首诗。

2. 诗句品读

品读诗句，让学生感受：此情此景、此时此刻，真是帆已尽，情未了！

（五）拓展积累

（1）归纳学诗方法。

初读，读通诗句——二读，理解诗意——再读，品悟诗情。

（2）积累：读《送元二使安西》。

（3）拓展主题"送别情"，让学生连读背诵《赠汪伦》《黄鹤楼送孟浩然之广陵》《送元二使安西》。

（2008年11月，面向全市语文老师执教的诵读展示课）

《和我们一样享受春天》教学设计

东莞松山湖中心小学　陈　果

【教学目标】

（1）学生能认识生字词。

（2）学生了解诗歌的内容，体会诗歌表达的思想感情，激发热爱和平的情感。

（3）学生能有感情地朗读课文。

【教学重难点】

学生能理解诗句，体会诗人表达的情感。

【教学准备】

多媒体课件。

【教学时间】

一课时。

【教学流程】

（一）认知春天，导入新课

（1）同学们，春天已经悄悄地来到我们的身边，现在我们正沐浴着春光，坐在明亮的教室里学习。那么，在你们的眼中春天是怎样的呢？（温暖的、百花齐放、万物复苏、生机勃勃……）

（2）是啊！春天是温暖的，充满着生机，春天是那么美好。今天让我们一起来学习一首诗歌。请大家齐读课题《和我们一样享受春天》

（二）初读课文，整体感知

（1）请大家打开课文，自由朗读这首诗，注意要读准诗中的生字，要把诗读通顺、读流利，同时要留意诗句间的停顿。

（2）检查反馈：

①有没有哪个生字比较难读？（重点指导"弋""频"）

②选择你认为难读的一节读一读，大家认真听，听听读通顺、读流利了没有。

（三）走进春天，体验美好

（1）那么诗中的春天指的是哪些景象呢？请同学们把有关的句子画出来。

（2）交流反馈：

预设A：蔚蓝色的大海，是海鸥的乐园。

①蔚蓝色——大海很美，乐园——想象海鸥在大海上如何飞翔。

②大海还会是谁的乐园？（鱼群，孩子们……）

③随机指导朗读：感受海的一望无际，海鸥的快乐。（学生齐读）

预设B：金黄色的沙漠，是蜥蜴和甲虫的天下。

①体会"天下"。

②指名生读。

预设C：蓝得发黑的夜空，属于星星和月亮。

①星星和月亮在夜空中干什么？你看到的是怎样的画面？

②指导朗读：读出安静、和谐的感觉。

预设D：绿茵茵的草地，滚动着欢乐的足球。

①让学生自由谈感受，引导：在绿茵茵的草地上，你还想干什么？

②指导朗读：读出欢乐、美好、幸福的感受。

③从同学的朗读中，我们看到了大海、看到了沙漠、看到了草地，也享受到大自然的景观带给我们的快乐、自由、幸福，这不就是春天吗？

④（出示图片、播放音乐）同学们，在这些画面中，你们还看到些什么，听到些什么？请大家选择一个画面，展开你们的想象，把看到的画面写丰满，写生动。

⑤学生小练笔。

（四）走出春天，抒发情感

（1）多么美好的景象啊！但是，你听，到底是什么打破了这梦幻般的春天？（播放声音）

（2）反馈：

①生读句子，理解"不速之客"。

②师（出示四句话）：是＿＿＿＿、＿＿＿＿、＿＿＿＿和＿＿＿＿打破了这梦幻般的春天。（引读关键词）

③生体会作者心情（生气、痛惜、愤慨……），师指导朗读。

（3）师引读……再也不是——

生A：——海鸥的乐园。

①诗中"本来、可是"使情感发生了巨大的变化，表达美好的东西消失了。

②指名男女生分读。

生B：——再也不是——

生C：——蜥蜴和甲虫的天下。

生D：——再也不属于——

生E：——星星和月亮。

生F：——再也不会——

生G：——滚动着欢乐的足球。

（4）（出示四个句子）"这究竟是为什么？"

①师读——你说这究竟是为什么？（战争、无知的人们）

②这里面包含着什么样的情感？（控诉、责问、愤慨）

③师指导生读：你能把你的感情放到诗句中去读一读吗？（请四名学生读——分大组读）

（五）回到春天，祈盼和平

（1）战争使我们失去了春天，又给多少人带来了苦难？同学们，此时你们的脑海中浮现出哪些画面呢？

（2）（出示图片）正如你们所说，我们来看面对此情此景，你希望什么，你祈盼什么？

（3）（学生齐读，师出示第五节）从字里行间你体会到了什么？

（4）是啊！虽然在我们看来春天是再平常不过的，但是对战争中的孩子们来说是何等的珍贵啊。

（5）享受春天就是享受什么？（希望、自由、快乐、和平）（板书：享受和平）

（六）享受春天，深知责任

（1）此时此刻，在鲜花中读书的我们，享受着春天的我们，是否想做些什么？

（2）1986年9月25日，世界各国的儿童代表共聚美国纽约，共同签订了《儿童和平条约》。这条约表达世界儿童渴望和平的美好心愿，是全世界儿童至真至纯的心一起跳动的声音。

（让生自由读——重点段落齐读）

（3）这就是我们想要的（春天），这就是我们祈盼的（春天），这就是我们呼唤的（春天）。

（让生齐读课题《和我们一样享受春天》——享受和平）

（2009年4月学校开放日活动展示课）

《落花生》教学设计

东莞松山湖中心小学　陈　果

【教学目标】

（1）学生掌握本课7个生字，会用"居然"造句，能读准"种""空"的读音。

（2）能分角色朗读课文。能用自己的话说说课文哪些内容是详写的，哪些内容是略写的，并初步体会这样写的好处。

（3）初步了解"借物喻人"的方法，学会作者由落花生领悟到做人的道理的写法。

【教学重难点】

1. 重点

学习分清文章主次的阅读方法。

2. 难点

掌握并运用看详略知主次及看内容知主次的阅读方法。初步了解"借物喻人"的方法，学习作者由落花生领悟到做人的道理的写法。

【教学准备】

多媒体课件。

【教学过程】

（一）导入

师以介绍自己的姓名导入新课，让学生了解文章的背景及作者。

（二）释题

课件展示花生生长图。

（三）新课教学

1. 教学生字

（1）让生自读课文，并提出要求：读准字音。

（2）生字词指导。

① 生字词：尝尝、吩咐、石榴。

② 同偏旁字认知：榴、榨。

（3）整体感知：指名生分段读课文。

2. 学法指导：看详略，分主次

了解课文"种花生"部分是略写，"收获节"部分是详写。

3. "种花生"部分学习

（1）多音字"空""种"读音指导。

（2）通过"种花生"的过程体会略写作用。

（3）探究重点词语"居然"并用"居然"造句。

① 理解"居然"的意思。

② 作者为什么要用"居然"这个词？

③用"居然"造句。

（4）女生齐读第一自然段。

（5）全班齐读第一自然段。

4."收获节"部分学习

（1）同桌合作用"看详略，分主次"的方法学习"收获节"部分。

（2）指名生说主次。

（3）师小结：第二自然段"吃花生"是次，后面部分"谈花生"是主。

（4）指名生读"吃花生"部分，感受"我们"对收获节的重视。

（5）师范读"吃花生"部分。

（6）学习重点部分——"谈花生"。

①生默读"谈花生"部分。

②找出角色。

③指名生分角色朗读。

④学习"看内容，分主次"的方法，了解父亲的话包含"赞花生""学花生"两个重要内容。

⑤补充填空，加深对"赞花生"部分的理解。

⑥小结：花生具有默默无闻、不计名利的特点。

（四）梳理主线

巩固分清文章主次的方法。

（五）课后作业

推荐阅读许地山作品《空山灵雨》《春的林野》。

【板书设计】

15.《落花生》

种花生　　　吃花生　　　说花生　　　赞花生

　＜　　　　　＜　　　　　＜

收获节△　　谈花生△　　父亲谈△　　学花生△

（参加2011年11月语文磨课俱乐部阅读教学交流课例）

《五花山》教学设计

东莞松山湖中心小学　陈　果

【教学目标】

（1）学生能正确、流利、有感情地朗读课文，读出对秋天的喜爱之情，积累语言知识。

（2）学生能读懂课文内容，了解课文描写景物颜色的写作特点，体会秋天的美好，感受课文的语言美。

【教学重难点】

1. 重点

（1）学生能读懂课文，体会秋天的美好，感受课文的语言美。

（2）了解课文描写景物颜色的特点。

2. 难点

培养学生语感，发展学生个性，使学生能享受到审美乐趣。

【教学准备】

收集有关五花山的资料和课件。

【教学时间】

一课时。

【教学流程】

（一）谈话导入，揭题质疑

师：同学们，你们知道我们这里为什么叫松山湖吗？（松山湖所处的位置在大岭山、寮步、大朗三个镇，松山湖里面有个松木山水库，松山湖因此得名）今天我们学习的课文是《五花山》，同学们能猜猜为什么叫"五花山"

吗？（板书：五花山）。

（生：山上有五朵花……）

（二）初读课文，整体感知

师：同学们的想象力真丰富。让我们一起走进黑龙江省伊春市的五花山寻找答案吧。

（让学生初读课文，要求读准字音、读通句子，并思考为什么这座山叫五花山？）

师：现在知道为什么叫五花山了吗？请同学们一起把课文中找到的答案读出来吧！（生齐读第五自然段）

（三）品读课文，重点了解

师：你最喜欢五花山的哪个季节？（秋季。板书"秋"）请你来读一读吧！（指名生读）同学们认真听听他读得正确吗？（难点：一簇簇、松柏、紫绒幕布）

师：陈老师告诉大家一个秘密，我出生在美丽的秋季，所以名字中有个"果"字。老师来读描写秋季的这一段，（要求生画出秋季的五花山有哪些颜色，数一数这段有几句话）

（四）美读课文，升华情感

师：大家找出有几种颜色？这段有几句话？（共三句，分号不是一句）谁喜欢金黄色？谁喜欢杏黄色？谁喜欢火红色？谁喜欢紫红色？谁喜欢翠绿色？请你们来读一读。（秋天的山不再是一种颜色了。下过一场秋霜，有的树林变成了金黄色，好像所有的阳光都集中到那儿去了；有的树林变成了杏黄色，远远望去，就像枝头挂满了熟透的杏和梨；有的树林变成了火红色，风一吹，树林跳起舞来，就像一簇簇火苗在跳跃；还有的树林变得紫红紫红，跟剧场里的紫绒幕布的颜色一样。只有松柏不怕秋霜，针一样的叶子还是那么翠绿。）

师：（指导生朗读杏黄色）读了这一句，你想到了什么？

生：熟透了的杏和梨。

师：是啊，秋天正是丰收的季节，我们的心情怎么样？

生：喜悦、高兴……

师：你再来读一读，读出丰收的喜悦心情？

生：……

师：老师仿佛看到了熟透的杏和梨。

（指导生朗读火红色）

师：为什么说"树林跳起舞来，就像一簇簇火苗在跳跃"？

（指导生朗读紫红色）

师：现在请同学们四人一组合作读一读第四自然段，边读边想象：你的眼前仿佛出现一幅怎样的画面？（四人小组合作读）

师（课件演示）同学们，大自然真神奇，温暖的金黄，成熟的杏黄，动感的火红，庄重的紫红，刚劲的翠绿，五颜六色，美不胜收！现在老师请出一个小组来展示一下。（配乐）

师：秋天的五花山一片金黄，一片火红，一片翠绿。那么春天和夏天的五花山是什么颜色呢？

请女生齐读五花山的春天，男生齐读五花山的夏天，读出五花山春天和夏天的生机与活力吧！

想象说话：假如你漫步在五花山的林间小路上，徜徉在美丽的五花山里，你的心情怎样？（生说感受：心旷神怡、流连忘返……）

师：这五花山的美走进了大山孩子的心里，也走进了我们的心里。美就在我们身边，美就在我们的眼睛里。（补充板书：画山）请同学们一起朗读课文，再次感受五花山的美吧！

（五）拓展

师：冬天来了，五花山一片银白，好像……

【板书设计】

《五花山》教学设计

秋
五
颜
六
色
↑
淡淡的→绿←浓浓的

春　　　　　　　夏

（此公开课获2015年11月松山湖小学语文教学能手优质课评比二等奖）

"结构规律——左右对称"教学设计

东莞松山湖中心小学　陈果

【教学目标】

（1）让学生了解左右对称的字，当左边有撇，右边有捺时书写的规律是平稳对称，笔画的高低长短应该就字的形态而定。

（2）通过教师示范、指导，学生能美观地写出"左撇右捺"左右对称的字。

（3）培养学生正确的写字姿势和良好的书写习惯。

【教学重难点】

指导学生规范地书写"左撇右捺"左右对称的字，教授书写方法。

【教学过程】

（一）观察蝴蝶图片和"春"字，找规律

（1）出示：左右对称的蝴蝶图片和"春"字。

（2）你发现了什么？（它们都是左右对称的）

（二）范字示例

生活中对称的东西给人以美感，我们的汉字呢？

（1）出示范字：泉、谷、乘。

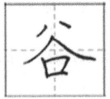

左右对称，左撇右捺

（2）让学生发现范字共同规律：左撇右捺，左右对称。

①指名生说说范字的书写要点。

②师出示"左撇右捺"字的书写口诀：

> 左边撇，右边捺，
>
> 平稳对称记心上。
>
> 笔画高低与长短，
>
> 依照字形再思量。

③生结合范字理解口诀。

（3）指导生写"泉"字。

①指名生读。

②教师用粉笔范写，学生书空。

③强调对称规律及书写要点：下半部分撇捺位置上升。

撇捺高于钩底，交点居钩上部

（4）指导生写"谷"字。

①教师用粉笔范写，学生观察。

②强调对称规律及书写要点：交叉点起笔略高。

撇捺对称，交点居上

（5）让生描红2遍，写1遍。

（6）展示、讲评。

（三）拓展

左右对称的字还有很多，如"水、小、火"。

（四）小结

凡是左边有撇，右边有捺均须平稳对称，其笔画的高低长短应该就字的形态而定。

（2014年6月，参加磨课，展示此写字课。）

走近伟人，领略风采；整合阅读，领悟写法

——五年级上册第八单元说教材

东莞松山湖中心小学 陈 果

我说的教材是人教版语文五年级上册第八单元，内容包括《七律·长征》《开国大典》《青山处处埋忠骨》《毛主席在花山》四篇课文和一个学习园地。

毛泽东是中国人民的伟大领袖，是中华人民共和国的缔造者之一。因此，让学生去感受毛泽东的伟人风采很有必要！纵观人教版小学语文教材，大部分单元遵循了主题编排的原则，但教学参考书并没有单元课文整合教学的方法指导。如何对单元课文进行整合阅读的教学？下面就让我们来探究"走近伟人，领略风采；整合阅读，领悟写法"的有效教学对策。

【研读教材】

（一）教材构成以及编排特点

教材本组内容以"走近毛泽东"为专题，安排了四篇课文。《七律·长征》是毛泽东所创作的一首中国革命的不朽史诗，是一篇反映革命乐观主义精

神的不朽之作。《开国大典》是对1949年10月1日开国大典盛况的描写。《青山处处埋忠骨》体现了毛泽东痛失爱子的悲痛心情，情感细腻、真挚感人。《毛主席在花山》记叙了毛泽东在花山村的几件事。学习园地中的口语交际要求学生将听过或看过的有关毛泽东或其他领袖、英雄人物的故事讲给大家听。习作要求学生学习《开国大典》中场景描写的方法写一处场景。回顾拓展中对本组课文的重点进行小结——认识毛泽东、学习场面描写和人物描写。日积月累让学生进一步领略毛泽东作为诗人、词人的文学成就。

主题编排是人教版教材的一个基本编排原则。本组教材从单元导读、课例乃至口语交际、回顾拓展都紧紧围绕"走近毛泽东"安排，各部分内容成为一个互相联系的有机整体。前两篇《七律·长征》《开国大典》重点突出毛泽东作为诗人和领袖的风采，后两篇《青山处处埋忠骨》《毛主席在花山》则将毛泽东凡人的情怀跃然纸上。园地中的口语交际、习作、交流平台、日积月累都是对与毛泽东相关的事迹及课文描写方法的拓展。教材使听、说、读、写等各种活动密切配合，前面有布置，中间有铺垫，后面有复习、拓展、交流。

（二）教材与其他年段教材编排的关联性

毛泽东这个人物形象在一年级下册学生就有了认识。在一年级下册第六组课文中安排了两篇课文《吃水不忘挖井人》《王二小》。这两个小故事短小易懂，符合一年级学生心理特点，既增进了他们的民族自尊心、自信心和自豪感，又让他们懂得珍惜今天的幸福生活。五年级上册第八单元"走近毛泽东"专题，试图让高年级学生系统地了解毛泽东，包括他的诗词成就、伟人风采、凡人的情怀。六年级下册第三组课文，追忆了革命先辈的感人事迹，其中第12课《为人民服务》的选编是为了让小学生初步接触议论文，感受议论文的表达方式，为初中学习议论文打下一点儿基础；同时使学生受到革命人生观的启蒙教育。可以说，从一年级到六年级，先后三次选编与毛泽东相关的课文，根据学生的年龄段、理解力循序渐进呈现，让学生不忘历史，加深对毛泽东文学成就、领袖风范、人格魅力的了解，使毛泽东的形象深入心中。

综观人教版教材，基本都是按照主题组编单元，而以人物主题组编的有：三年级上册第五组课文，以认识古代大思想家、了解古代神话故事为主题；四年级下册第七组课文，讲的是科学家、艺术家和普通人通过努力获得成

功的故事；五年级上册"走近毛泽东"以毛泽东这一人物为专题；五年级下册第七组课文，刻画了一组具有鲜明性格特点的人物；六年级上册第五组课文以认识、了解鲁迅为专题。我所说的教材位于整套教材的高年级段，且居于全册的最后一个单元，相比三、四年级的主题单元来讲，和人物相关的故事趣味性减弱了，阅读的深度增加了，对人物性格特征刻画的方法更为多样化；而六年级主题单元相比我们研究的单元，人物的选择更为关注人文性和历史性。所以，"走近毛泽东"这组教材在整套教材中起到了过渡与传承的重要作用！

【分析思考】

"走近毛泽东"这一组课文，具有一定的时代性，要学生感受毛泽东伟人的风采和凡人的情怀，有诸多困难，加上本组是本册的最后一组教材，更要注重已有语文能力的综合运用。因此，教学时，我们要尽可能地组织学生搜集与课文相关的材料，帮助学生体会文章的思想感情，不要盲目求深、求透。通过将本组教材与同步阅读进行整合，既能加深学生对伟人风采的印象，更能强化学生写作方法的学习，达到融会贯通的目的。

【寻求对策】

（一）依托综合实践，走近伟人

依托综合实践，引导学生感悟伟人的品质，让学生真正走近伟人的心中，可以采用以下方式。

1. 课前开展"走近伟人"综合实践活动，做好铺垫

通过综合实践活动让学生搜集关于毛泽东的生平、毛泽东为中国的解放事业和中华人民共和国的建设所做出的贡献、毛泽东在诗词和书法上的造诣等资料，为在教学中更深入地了解这位伟人做好铺垫。

2. 课中进行"走近伟人"口语交际活动，巩固认知

本单元安排的口语交际内容为讲述毛泽东或其他革命领袖和英雄人物的故事，而学生恰恰对这些内容知道得较少。所以，在进行口语交际教学之前，我安排同学们去搜集、观看革命影视作品，在课堂上开展革命影视作品推荐会，还开展了"走近伟人"故事赛，将活动与口语交际结合，不但可以激发学生兴趣，而且能让学生在活动中受到情感的熏陶，得到思想的启迪。

3. 课后完成"走近伟人"回顾拓展活动，升华情感

开展"我眼中的毛泽东"手抄报制作、诵毛泽东诗词等活动。推荐学生观看以下视频，升华对毛泽东的感情。

"中华颂——开国大典——"http：//www. ccnt. com. cn/china/know/gongheguo/kaiguo/cw01-1. htm

"开国大典6小时——"http：//goldbook. he. cninfo. net/js/qt/cp/y/yujiang/kaiguodadian/index. htmll

通过这一系列的活动，逐步拉近学生与伟人的距离，在自我的探索实践中领略伟人的风采，有效地突破了本单元的教学重点与难点。

（二）通过整合阅读，领悟写法

1. 单元阅读，了解写法

（1）让学生预习单元导读，抓住单元学习要点；体会作者思想感情，领悟描写人物的一些基本方法。

（2）教师紧扣学习要点，引领阅读文本。

以《开国大典》为例，完成自主阅读卡：

课文按照开国大典进行的顺序叙述。先讲_____（大会开始前会场上的情况）；然后讲典礼的主体部分——_____（毛泽东宣布中华人民共和国成立了）（升国旗）（宣读中央人民政府公告）；接着讲_____（阅兵式的盛况）；最后讲_____（群众游行）。

画出文中描写毛主席的动作和群众的反应的语句，从中感受毛主席的伟人风采，体会中国人民为中华人民共和国的诞生而激动自豪的思想感情。通过"读文梳理主线—找句发现特点—品句感悟写法"的方式，精讲《开国大典》一文，然后用同样方法讲解其余三篇课文。

2. 群文阅读，学习写法

阅读同步阅读材料《走进书里去》和教材的单元课文，进行比照：

《七律·长征》为七言律诗，全诗共八行，每行七个字，每两行为一句，共四句，分首联、颔联、颈联、尾联。《忆秦娥·娄山关》是毛泽东写于1935年的一首慷慨悲烈、雄沉壮阔的词，通过在战争中积累多年的对景物的观察，以景入情，情中有景。

《青山处处埋忠骨》通过语言、动作、神态等细节描写来突出毛泽东鲜

明的性格特点，展示他凡人的情怀和不同凡人的胸怀。《毛岸英》则是邵华以平实而朴素的语言叙述的毛岸英遇难的经过。

《难忘的小红马》《毛主席在花山》《这思考的窑洞》三篇文章在写法上各有千秋。《毛主席在花山》按照事情的发展顺序，将三件小事娓娓道来。《难忘的小红马》《这思考的窑洞》均为回忆性文章，夹叙夹议，风格不同。

场面描写是《开国大典》一文的点睛之笔，多处精彩的场面描写直接反映人们的思想感情。

3. 选读课文，迁移方法

叶圣陶老先生指出，"教材无非是个例子""教师是用教材教，而不是教教材"。

（1）结合教材中人物描写，掌握写法

三年级上册第五组课文重在抓住主线写文；四年级下册第七组课文强调通过人物外貌、动作描写刻画人物形象；五年级下册第七组课文重在抓住细节描写体现人物特征；六年级上册第五组课文通过一系列侧面描写刻画鲁迅的人物形象。

（2）结合主题单元课文，运用写法

《开国大典》一文是场面描写，《青山处处埋忠骨》一文是人物描写。指导学生学习场面描写、人物描写，是本单元的一个学习重点。

本单元习作教学我注重引导学生感悟人物刻画的方法，故对习作要求进行了适当调整。将场面描写的要求整合为：选择运动会的场面，具体抓住一个运动员进行刻画，重点从外貌、动作、神态、心理等方面进行描写，做到点面结合。而对于写故事梗概的要求，在课文教学中不断进行渗透，使学生在学文中就能掌握。

整合阅读教学在当今语文教坛是一种尝试，应该说，整合阅读教学对拓展学生的阅读面，增加学生语言文字的积累，以及强化语文的人文性具有至关重要的作用！

（2015年6月被评为东莞松山湖中心小学"说教材"优秀课例）

教学感悟——空杯心态

古时候一个佛学造诣很深的人，听说某个寺庙里有位德高望重的老禅师，便去拜访。老禅师的徒弟接待他时，他态度傲慢，心想，我是佛学造诣很深的人，你算老几？后来老禅师十分恭敬地接待了他，并为他沏茶。可在倒水时，明明杯子已经满了，老禅师还不停地倒。他不解地问："大师，为什么杯子已经满了，还要往里倒？"大师说："是啊，既然已满了，干吗还倒呢？"老禅师的意思是，既然你已经很有学问了，干吗还要到我这里求教？

通过这个故事，我们得出一个很有价值的概念——空杯心态。

在正式开始这个主题的探讨前，我们再来做一项测试：如果让你从以下三个人中选择一位来造福全世界，你会选择哪一位？

甲：

　　信巫医和占卜家，

　　有两个情妇，

　　有多年的吸烟史，而且嗜好马提尼酒。

乙：

　　曾经两次被赶出办公室，

　　每天要到中午才肯起床，

　　读大学时曾经吸食鸦片，

　　每晚都要喝大约一升的白兰地。

丙：

　　曾是国家的战斗英雄，

　　保持着素食习惯，

　　从不吸烟，只偶尔来点啤酒，

　　年轻时没有做过什么违法的事。

根据我们的调查，绝大部分人，都会选择丙，而不会选择甲和乙。

那么这三个人到底都是谁呢？答案是：

甲：富兰克林·D·罗斯福，他是美国历史上唯一蝉联四届总统的人；

乙：温斯顿·丘吉尔，政治家、画家、演说家、作家、记者，1953年诺贝尔文学奖得主；

丙：阿道夫·希特勒！德国纳粹党党魁，第二次世界大战兼种族灭绝政策的核心人物。

如果仅仅依照上述信息去选择，那么很可能我们大家都会选择一个魔王！

这个小测验所测验出的，往往是我们心灵与思维的狭隘性。

这也让我们明白了一个道理：不要故步自封，更不要固执己见，为了得到正确的结论，更为了获得最好的发展，我们必须保持心灵和思维的开放性！

开放是"空杯"的第一步，如果没有开放的心灵，就绝对不会有"空杯心态"。

开放：勇于舍弃，乐于接纳

东莞松山湖中心小学　陈　果

记得2008年的读书节前夕，时任教导处主任的陈主任找到我。她非常信任地对我说："这次读书节的古诗文诵读展示课有三节，你去上其中的一节。相信你能上好！"熟悉我的人都知道，我是个急性子，接到任务的当天晚上，我就马不停蹄地开始选古诗，写教案。最后，我选择了四年级上册的《黄鹤楼送孟浩然之广陵》。我记得当时为了渲染课堂气氛，凸显离别伤感的画面，我还煞费苦心地在网上下载了徐小凤演唱的《相见时难别亦难》。一切准备就绪，我和其余两位上课的唐维伦老师、刘老师都迫不及待地等着校领导和科组老师来听我们试讲。三节课下来，刘校长把我们三个叫到他的办公室，别看刘校长是教数学出身，可他对每个学科的评课都能点中要害。刘校长开门见山，直接告诉我们三个：我们学校的古诗词教学经过科组全体老师的实践研究，已经有了一个好的模式：初读，读通诗句；二读，理解诗意；再读，品悟诗情。你们放着现有的模式不运用，自己另起炉灶，可能就会走弯路。听完这番话，我们三个上课的老师频频点头，对校长的话表示认可。当天晚上，我开始修改教案，虽有些不舍，但还是大刀阔斧地把那些自己设计和从网上整合过来的经典删掉了，只留下一条清晰的初读、二读、再读的脉络，再加上送别诗拓展，学法的指导。接下来的试讲，庆幸的是，我和唐老师两员老将，按照修改后的思路上课，水到渠成，果然顺畅了许多，取得了意想不到的效果！而最年轻的刘老师，却因坚持己见，无法舍弃自己精心设计的教案，试讲再次以失败告终。当然，最后展示的那天，我们三个都遵循学校古诗词教学的模式展现了各自的精彩！

现在回想起来，其实当时的我们，拥有的就是一种空杯心态。唐维伦老师，来校前已经在深圳的南山区小有名气，多次在教学大赛中获奖；我，入校前经过层层选拔，曾获全市小学语文阅读教学大赛一等奖，且在镇区、片区多次上示范课。如果我们因过去的成绩沾沾自喜，故步自封，没有开放的心态舍弃与接纳，也许就不会有再次试讲的顺畅与成功！

时隔多年，这件事仍历历在目，今天也借此机会感谢我们的精神领袖刘校长，感谢伯乐陈校长，感谢当年的特聘导师覃世柏，感谢当年诵读课上为我们奔忙的王强、一直端着摄像机的阿赟，感谢这些年同甘共苦的姐妹阳巧玲、刘美玉，感谢语文科组所有老师！还要感谢已经离开我们学校的唐维伦老师、孙道明老师，是你们的鼎力相助、默默付出，才成就了不断进步的我！

放下：倒空自己，超越自我

东莞松山湖中心小学　陈果

有了心灵的开放，"空杯"就有了基础。

但是，光有开放还不够。

还需要往前走，也就是放下。

佛教中经常讲"看破、放下"。僧人的鞋子上面，左边有三个洞，右边也有三个洞，这样做就是让出家人低头看得破。

大家所熟知的黑人领袖、诺贝尔和平奖获得者曼德拉，为了追求民族的平等、为黑人争取应有的权利，被囚禁长达27年。在出狱的当天，他说了一句名言："当我走出囚室、迈向通往自由的监狱大门时，我已经清楚，自己若不能把悲痛与怨恨留在身后，那么我将仍在狱中。"

所谓放下，就是和那些束缚和阻碍自己发展、让自己沉重的包袱告别，包括金钱、地位、面子、贪念以及仇恨等。

也许，有时"留在身后"就是放下。

《小花》是20世纪80年代一部红遍大江南北的电影，这部电影捧红了一批演员，唐国强就是其中一位。

不久后，他又成功塑造了电影《孔雀公主》里的一个形象。两次角色塑造的成功，让唐国强在观众心目中留下了深刻的印象。

由于外形俊朗、气质不俗，很多观众都把他称之为"奶油小生"，而且把他誉为"文化大革命"后电影界的第一个偶像派演员。

一开始，唐国强也觉得没什么不好。可时间一长，总被人叫作"奶油小生"，他开始有了危机感。他的形象给他塑造角色带来了很大的局限。如果不能够突破的话，就意味着他永远只能演"奶油小生"类的角色。而这样的角色，随着年龄和岁月的流逝，也终将离他而去。

认识到这一点，唐国强下定决心改变，向他喜爱的历史类人物靠拢。

为了能更好地转型，他每天都要研究和学习历史，勤练书法，由内而外地贴近每一个要塑造的历史人物。

当他再次亮相荧屏、出现在观众的视线中时，已经完全抛开了往日"奶油小生"的影子，这次他扮演的是气蕴深厚、深藏不露的一代名相——诸葛亮。

此后，他又在《雍正王朝》《大唐情史》《永乐皇帝》《南越王》《长征》《贞观长歌》中扮演皇帝或领袖，每一个角色都被他演绎得栩栩如生。

很多喜欢他的观众都觉得，他所扮演的皇帝已经是"最好的"皇帝了。

就在大家对他扮演的角色交口称赞时，唐国强又开始对自己"不满意"

起来。他坦诚地说："演皇帝已经快把自己掏空，再演就会黔驴技穷。"

后来，他又接到一个新的角色，塑造伟人毛泽东的形象。电视开拍前，大家对他并不看好，认为他的外形条件并不接近毛泽东。

但他很有自信，经常研究毛主席的著作，还通过历史文献资料仔细琢磨毛主席的表情、动作。

当电视剧播出时，唐国强出色的表现征服了观众，大家一致认为他非常成功地塑造了毛主席的形象。

而唐国强并没有停留在原地，现在的他又要去掉大家眼中的"最好"，转而去尝试其他角色。他下一步的计划是出演一些历史上的文化人，如唐玄奘、颜真卿。

回顾唐国强的演艺事业历程，我们可以得到这样一个启示：他的每一次成功，都是在不断倒空自己、不断放下中获得的。

毫无疑问，唐国强的这种"从零开始"的心态和勇气，很值得大家学习。

重生：勇于归零，积蓄能量

东莞松山湖中心小学 陈果

平安保险公司董事长兼总经理马明哲先生常对员工说的一句话是：每一天都是一个原点，每一次工作都应从零开始，每天都应以一种崭新的心态去学习新东西。

我就有过几次归零的经历：1995年，不到19岁的我，离开优越的家庭环境，跟随母亲的学生南下，开始了我独自打拼的奋斗生涯。我在东莞任教的第一个学校，是个农村小学，当时外地老师几乎没有。每逢夜深人静，我独自一人守着偌大的校园，看着远方的灯火，想家的念头总在心头萦绕。暑假回家，父母亲听说我一人住校，还要自己学着做饭，放心不下我，坚决让我回家发展，还说把家里的房子留给我，帮我调到最好的学校，让我跟着父母过安逸的

生活。我强忍住想家的念头，抵御住家的诱惑，为了我的自力更生之梦，更为了超越自我，选择了从头再来！这是我人生中第一次勇敢的归零！

2006年7月，已在寮步扎根，因主持、演讲、上课等表现突出在寮步小有名气的我，再次选择归零。为了我梦中理想的精神家园，我与我的名气、地位、舒适的环境告别，来到东莞中学松山湖学校，踏上了新的征程！这算是我人生中的第二次归零！

2011年9月，这是我人生中的一个瓶颈期，父亲病危、儿子幼小、接任政教处主任工作时间又不长，而此时，学校安排我担任高年级的语文教学工作，这对于从未教过高年级的我来说，无疑是一种挑战。当时的我可以说是心力交瘁。

"吃得苦中苦，方为人上人。"接手新班后，我的想法很简单，我不能因为兼任政教处的工作，就耽误孩子的学业，不争年级第一，起码也要保持与年级其他班同一水平，这既对得起自己，也对得起领导的信任。由于政教处工作琐碎，我总是在政教处和年级组之间穿梭着。为了不让自己落后，我非常珍惜每一次超越自我的机会。在这里我要特别感谢黄燕、丽眉和晓华三位老师。课间宝贵的十分钟，我会逮住黄燕，问问提高阅读能力的有效方法；我会拦住丽眉，问问她们班的小练笔如何布置；我甚至会叫上晓华，让我欣赏借鉴一下她们班学生的作业书写……我常做的一件事就是放学前几分钟，为了防止作业质量不好或没完成作业的学生逃跑，冲到教室像"押犯人"一样把这些孩子带到办公室辅导。在级部，我从不以年长自居，我更不会以主任自傲。在德育管理中，我吸收前任主任留下的宝贵经验，从书籍中吸取营养，从班主任身上获取力量。主题活动构建、磨课、案例分析系列、班刊、博客的规范检查……我不断地在继承的基础上夯实着班队精神家园建设的内涵。不管在教师面前、在家长面前、在孩子们面前，我始终以一种崭新的心态去学习新东西。我试图通过每次的学习去提升自我、超越自我。同时，我也在每次的超越中体验到成长的快乐！保持"时刻归零"的心态竟然会让人产生一种正能量，起到意想不到的效果。接手高年级班一学期，在全市抽考中，我们班语文成绩进步显著，跃到第一名；毕业考试，我们班一批"拉后腿的"孩子，大部分上升至优生行列，全班仅一人低于80分，我们班的成绩也与其余三个班持平。与此同时，主题活动、案例分析、自主管理……班队精神家园建设绽放光彩。

　　第一次归零，让我学会了独立；第二次归零，让我懂得了珍惜；第三次归零，让我积蓄能量！

　　在我们学校，勇于归零的人不仅有我，更有全国十佳卓越校长，在老家就功成名就的刘建平校长；早在小学科学学科领域小有名气的蔡敏胜主任；来校前就被评为全国优秀航模教练的莫春荣老师；全国优秀艺术教育工作者邹霞老师；美丽的太湖湖畔冉冉升起的音乐新星于洪明；国家普通话测试员、曾获全国语文教学大赛大奖的覃世柏组长……相对他们，我的勇于归零不值一提，他们才是真正勇于归零，超越自我，值得我们学习的人！

　　泰戈尔在《飞鸟集》中写道：只管走过去，不要逗留着去采了花朵来保留，因为一路上，还会有鲜花开放。

　　汪国真说：我喜欢出发。凡是到达了的地方，都属于昨天。哪怕那山再青，那水再秀，那风再温柔。太深的流连便成了一种羁绊，绊住的不仅有双脚，还有未来。

　　开学了，我又将踏上征程，对于我来说，每一天都是全新的开始！在教学方面，我又接手了一个新班，对于未知的孩子、未知的家长、未知的一切，我都充满了好奇与激情！在管理方面，我又面临一批新的同事，新的班主任、新的辅导员，我将与他们面临很多新的问题，接受更多的挑战。敢问路在何方？路就在我们的脚下！

　　放得下，才能拿得起。彻底放得下，才能完全拿得起。让我、让我们时刻以空杯的精神与心态，去勇创更加辉煌的未来！

　　因为，人生如茶，空杯以对，才有喝不完的好茶。

　　（此文刊载于《南粤校长》。文中部分事例摘自《空杯心态》一书。）

德育工作者，要爱学生，更要懂学生。倾听学生的声音，走入学生的内心世界，让美好的德行"随风潜入夜，润物细无声"，是为德育之道也！

第二章

德育管理之言

教师——将幸福进行到底！

东莞松山湖中心小学　　陈　果

各行各业的人都有自己的幸福，幸福与金钱、地位无关。那么，教师的幸福感从何而来？如何才能令自己幸福感更强？

马斯洛心理学把人的需要分成生理、安全、社会、尊重和自我实现，只有一种需要得到很好的满足后，更高层次的需要才会出现，而教师只有在为实现自身价值而追求时，才会有牢固而持久的幸福感。

从本质上说，教师的幸福应该来源于实现自身价值需要的满足。在我们学校——教师发展工程，是我们实现自身价值最好的平台。

"德育，从政治说教走向生活育德"看似无形，实则有道。我们探索出来的道，就是班队精神家园建设"123"，即一条主线——主题活动；两种模式——案例分析、自主管理；三项策略——个性命名、班级博客、值周风采。本年度，在班队精神家园建设的道路上，我们可谓越走越稳，越走越踏实！下面就来盘点一下2013年度我们在班队精神家园建设中幸福的人和事。

一、主题活动——幸福的先行者

为了加强小学德育的针对性、实效性，我校把主题活动划分为"心理健康教育""公民教育""生命教育"三个维度，然后从"我与己""我与家""我与人""我与国""我与地""我与天"六个主题进行定义和阐释，基于这样的角度进行构建，可以使三个维度、六个主题系列和谐统一，层次分明。

我校德育主题活动的顶层设计，离不开校长方向性的指点，也离不开德育研修项目主持人黄燕老师的鼎力支持。

主题活动的框架一出来，德育主题活动磨课便紧锣密鼓地展开了。刘美玉老师设计了"步步高"活动，让学生在体验中感知团结协作的重要性。她的这节课还于2013年11月为"中国教师"特色学校考察团的成员进行了展示；王蕾老师磨课的题目是"妈妈，今天我来"，在此基础上她又设计了"我从哪里来"的主题活动接待广州市卓越校长学习班的成员们。这个活动不仅让孩子们感受到母爱的伟大，懂得了感恩，也让参与主题活动的家长和校长们热泪盈眶。谢金凤老师基于磨课中的突出表现，两次被邀请到三水、番禺等学校进行展示。她设计的主题活动"爱我现在的时光"打动了在座的所有学生，起到了实效性。继德育主题活动磨课后，更多的老师们加入主题活动设计的行列。钟晓华老师、韦慧老师分别设计了"对不起，我错了"、读书会等主题活动在班主任例会上展示，主题内容旨在让孩子们学会以宽容心待人，与父母和谐相处。除此之外，阳燕老师代表学校参加松山湖高新区品德课教学比赛并取得第二名的好成绩。

二年级组认真落实学校的德育工作，让德育活动收到了实效。针对本年级学生的就餐习惯不好，级长王小琳特意带领全级学生到食堂实地考察，现场体验，认真摆放餐盘。体验式主题活动让二年级的孩子们感受到珍惜粮食、有序就餐的益处。

主题活动的构建让我们的教师获益匪浅，找到了自我成长的动力。出身书香门第的杨明老师和周莉茵老师在班级管理中注重培养孩子们良好的学习、生活等习惯。在杨老师班上，有过这样一件感人的事。一天，有个成绩很差的孩子跑到宁老师身边深深地鞠了个躬，对宁老师说："谢谢您，老师。"原来，这是杨老师给孩子们定的规定，要求孩子们取得了进步，考了好成绩，都要给任课老师鞠上一躬，表示感谢！教育来源于生活，教育存在于生活之中，通过各种体验式教育，杨老师班的学生在纪律、卫生、学习等方面都表现突出。这个团结向上、学习风气浓厚的班级同时也得到学校和家长的一致好评。

即将到来的新学期，杨明、阳巧玲、刘娥英等老教师又投入到主题活动设计的行列。本学期文明礼仪、校园环境、课前三件事将是德育工作的三大重点，希望我们全体师生都能行动起来，将这三个重点落到实处。新学年希望我们的主题活动能够更贴近学生的学习、生活，能够更具实效性。以上列举的老师们，她们是幸福的先行者！

二、案例分析——幸福的解惑者

作为奋战在一线的班主任，最为困惑的就是面对班级管理中发生的各类问题不知如何应对和解决，为了帮助班主任们解决这些难题，每两周一次的班主任例会我们都会安排一名班主任主讲，抛出班级中存在的现实问题让大家寻疑解惑。

由于我校年轻班主任较多，基于此，2013年伊始，学校政教处打算就"班主任如何与家长沟通"这一专题做一系列案例分析。时任一、二、五年级级长的王小琳、黄帆、魏彩霞老师主动请缨，承担起讲师的任务。她们现身说法，让班主任老师在家校沟通技巧方面更进一步！

本学期开学伊始，二年级的王晓珊老师、四年级的陈小燕老师、五年级的林大铁老师、六年级的雷红霞老师，也主动请缨，承担起案例分析主讲老师的任务。不管是"让我欢喜让我忧"，还是"静静地等待花儿开放"，这些就在我们身边的案例给老师们以启示，智慧的火花在此刻产生碰撞……另外，王蕾、苏志坤、谢金凤、刘娥英、阳燕、孙璐等老师也积极撰写案例式论文，在班主任专业化道路上摸索着。

可以说，每次的班主任例会都让班主任老师受益匪浅，它成为老师们最钟爱的一种研修方式。解读和剖析身边的案例，不同的视角，不同的思考，不同的声音，曾经的或可能的解决方案，让班主任们成长为智慧的老师。

三、自主管理——幸福的思考者

经过几年的摸索，我校在班级自主管理方面也探索出许许多多新颖而实在的做法，孩子们在自主管理中进步着，老师们也在班队管理中成长着。"人人有事做，事事有人做"，在我校班级自主管理中体现得淋漓尽致！

一年级学生年龄小，活泼爱动，持久性差，一些坏习惯时有反复。为此，一年级各班设立了"谁最棒""我能干"等形式多样的竞赛活动。当上课铃声响起，你会听到"快乐海洋"响起了一阵阵朗诵的声音，这就是蔡晓梅老师教给学生的课前准备歌。经过老师们一学期的细致教育，一年级学生的行为习惯、生活习惯、学习习惯都有了很大的进步，各班逐渐形成了良好的班风。幸福庄园的王蕾老师，在班级开展了寻找最美角落的活动。不管何时到她的班级检查，教室课桌椅总是摆放得整齐、井井有条，她如同一个快乐的牧羊人，将自己的班级真正经营成了幸福的庄园。

模拟法庭活动的设计者是春华秋实的班主任阳巧玲老师。为了解决学生换值日的纠纷，智慧的阳老师想出了这一招！人们常说，清官难断家务事，可是阳老师通过模拟法庭却解决了孩子们之间的纠纷，让懒惰的孩子学会自主管理，真正成为班级的主人。

多彩的班级特色让我们的学生学中有乐，有序的班级管理为提高教学质量打下了坚实的基础。

四、个性命名——幸福的设计者

暑假即将到来，原本轻松的假期却令一年级的老师们并不轻松。因为每到9月份开学，一年级的新班主任们就要给自己的班级设计别具一格的个性化名称。为了让班级个性化命名成为班级精神家园建设的灵魂所在，班主任们要颇费心思。值得庆幸的是，在一年级新任级长李周宏老师的组织下，8月初，老师们就提前上交了极具特色的班名——向阳花圃、快乐海洋、采蜜园、天使之家、小荷田田、莞香花开、松小飞燕、幸福庄园等代表着老师们性格特点的班级个性化命名应运而生。在校园文化工作组组长杜凯涛老师的组织下，开学当天，崭新的个性化班牌已展现在师生眼前。

个性化班刊建设也是个性化命名的内容之一。早在2012年，政教处联同校园文化工作组就制定了班刊检查制度，一年下来，我校的个性化班刊可谓异彩纷呈！老师们将每月更换一次的班刊做成了常态，凸显个性化、主题化的班刊不断涌现。

莞香花开、花儿朵朵。尚书堂、小鸟天堂、成长小书院等班级的个性化班刊，在班主任和辅导员的指导下，成为打开孩子们心灵的一扇窗。

五、班级博客——幸福的耕耘者

在我们学校，班班有博客。班级博客就像一本打开的日志，一扇心灵的窗户，记录着班级的成长，抒发了教师的情怀，展示着学生的风采，闪耀着家长的智慧。这些，都给班队精神家园注入了勃勃生机。

小荷田田、莞香花开、快乐星族、神奇果园、小鸟天堂、七彩石坊、星

河传说、松湖竹林、尚书堂、芳草地、成长在线，这些班级充分利用班级博客发表促进学生发展的博文，班主任及科任老师用心经营博客，让博客成为老师、学生、家长沟通与互动的有效平台。

六、值周风采——幸福的管理者

本学期，为了充分发挥学校少先队大队干部的小主人翁意识，大队辅导员黄帆花了一番功夫。发动宣传、分层管理、任务明确，这是黄帆老师上任以来为成立一个高效的大队部班子做的工作！

在黄帆老师的带领下，在科学的管理下，大队干部人人有事做，将自己的才能发挥到极致！

为了让更多的孩子参与到值周中来，我们的辅导员们也要花费一番心思。神奇果园、星河传说、书香门第、尚书堂、春华秋实、芳草地、成长在线的辅导员们对待每次的值周工作都认真负责、落实到位，充分发掘了本班学生自主管理的能力。

在此，要特别感谢六位级长，尤其是本学期开始，六位级长逐渐从上传下达等琐事中走出，对班队精神家园建设起到了添砖加瓦的作用！当然，我们所有的班主任、辅导员都在班队精神家园建设中付出良多。

回首过去，展望未来，在班队精神家园建设的道路上，我们已经实现了新的突破。以品德课为例，我们发现其与其他学科不同的是，语、数、英等学科是以知识为线索，而品德课却是以生活的逻辑为线索。在即将到来的新学期，我们将继续贯彻这一原则，让我们的德育课更具实效，更贴近孩子们的生活实际。

偶然间看到过这样的文字：教师，不可能轻松，一个很轻松的教师，不可能成为优秀的教师，因为没有人可以随随便便成功。教师，不可能很富有，一个很富有的教师，不可能是一个高尚的教师，因为教书育人是如蜡烛和春蚕般奉献的事业。如果，教师把轻松和富有作为幸福追求，那么肯定学生就会不幸福。

那么，教师的幸福是什么？教师的幸福写在学生认真的作业本上，教师的幸福盛在学生满意的答卷上，教师的幸福堆在家长充满谢意的脸上……

（此文获东莞市"立德树人　立教圆梦"师德征文活动二等奖）

且行且思考，且行且珍惜！

——湖北考察学习心得

东莞松山湖中心小学　陈　果

得知东莞进修学校拟组织东莞市的德育管理干部前往湖北等地考察学习，我的脑海中马上联想到"惟楚有才"这个典故。自中华民族人文始祖之一的炎帝神农氏，到"路漫漫其修远兮，吾将上下而求索"的屈原，乃至茶圣陆羽、医圣李时珍、民主斗士闻一多等许多名流，他们无不在各自的领域开宗立派，风骚独领。湖北的历史文化因他们而厚重。此行，我将以一个东莞德育工作者的身份去感受荆楚文化，亲自去见证荆楚骄子的历史功绩与动人传奇。

2014年5月12日，老天爷一扫往日的愁容，展露出美丽的笑颜，碧空万里！好天气带来好心情。承蒙班主任陈德根老师厚爱，我被委任为此行的第二组组长。结识东莞同行，与同行交流学校的德育理念，可谓是此次学习的又一收获。

当然，实在、能干、处处为我们着想的乔总，干净舒适的梨园大酒店，也给我们的武汉之行开了个好头。

一、让德育的理念扎根心中

第一天，崇仁路小学张彦平校长以"以德立校　全面育德"为主题的演讲，拉开了我们了解湖北教育之行的帷幕。张校长的报告"以德立校全面育德"既有理论的高度，也有实践的真知。该校的育人目标为：爱学，爱玩，好习惯。如张校长所言，"顺天气，接地气"。张校长的报告妙语连珠！——"这个世界，天生是由儿童来破坏的，也是由儿童来创造的""改变来自感动

与感悟"……这些简单而富含哲理的话语无不闪耀着育人的智慧。

华中科技大学附属小学，校本学生活动课程凝聚了教师团队的心血，每个教师都结合自己的专长参与并授课，让素质教育之花开遍校园！行走在校园中，一根根废旧的油画棒、一张张旧报纸、一个个空罐子、一把把小纸伞……任何废旧物品在教师和孩子们的手中都能成为奇迹。

武昌实验小学，百年老校，大气优雅，处处彰显德育的光辉。校园中每到秋天落叶纷飞，于是"落叶周"应运而生。枇杷丰收的日子到了，摘下丰收的果实，师生共度"枇杷分享节"。"感受爆米花的芳香，体会好习惯养成的快乐"，人人收获玉米票，班班争过"爆米花节"……根据孩子们年龄特点制定的八个好习惯，看得见、摸得着，看得懂、做得到！

华中师范大学教授杜时忠作"德育向何处去"演讲，结合实际，直指核心！德育应走向公民、走向生活、走向对话、走向多元。杜教授对提升学校德育的有效性给出了切实可行的方法：学生成长导师制、家长志愿者团队、班主任沙龙……这些，都为我们学校德育工作的创新注入勃勃生机！

光谷第二小学，敞亮干净。这是一所开办仅八年的学校，教师队伍年轻而有朝气，孩子们阳光还很自信。一节"放飞梦想"的主题活动课，学生专注而自信的状态，已然将学校的德育工作展现于眼前。

崇仁路小学，深巷酒陈香自远。一个极为窄小的巷子，你无法想象一所具有现代理念的学校深藏于其中。正如张校长所说："班级就是学生成长的小社会，在这里，上学即上岗。"走进校园，你会为孩子们的主动问好所感动，你会为老师们的友好介绍所感动，你更会为校园中处处彰显的生活育德而惊喜！

……

二、让德育的种子落地生根

古人云："他山之石，可以攻玉！"苏霍姆林斯基说："在教育过程中，儿童越是觉察不到教师的教育意图，教育效果就越好。我认为这条规律是教育艺术的核心。"生活化的德育能给每个孩子以激励、鼓舞和呼唤，使他们自觉地追求更为丰富的内在生命，为自己拓宽更为广阔的精神生命、价值生命的空间。德育从空洞说教向生活世界回归，就会在悄然间浸润学生的心田。教育来源于生活，教育存在于生活之中。教育只有通过生活才能发出力量成为真正的教育。

儿童只有在真实可感的生活场景中去发现生活、感悟生活并体验生活的道德性，经历生活的道德要求和冲突，才会于无声处建构和生成生活主体的德行。这亦是"从政治说教走向生活育德"的精髓。

湖北之行，让我们听到了最前沿的声音，让我们看到了最闪耀的光芒，德育无小事，事事皆用心！你、我、我们这些德育工作者，只有把握了德育的精髓，才能在德育的大道上绽放光芒！

且行且思考，且行且珍惜！

班队精神家园建设：看似无形，实则有道

——谈小学德育的定位、路径与策略

东莞松山湖中心小学　陈果

今天我交流的主题是有关小学德育的定位、路径与操作。

定位：德育，从政治说教走向生活育德

路径：班队精神家园建设

操作：一条主线（主题活动）

　　　两种模式（案例分析、自主管理）

　　　三项策略（个性命名、班级博客、值周风采）

纵观中国学校德育教育发展的历程，我们不难发现，传统的学校德育是以"灌输"作为主要教育手段的。此外，除了我国特有的儒家道德修养学说的深层影响外，由于中国近代以来，社会频繁变动，斗争又相当剧烈，以致新的德育价值观都还没有足够的时间在实践中生根，便被更加新的价值规范体系所代替，德育领域就像一个"大杂烩"。在这样的大背景下，怎样的德育才是有效的德育？我们学校为什么提出"德育，从政治说教走向生活育德"？

一、定位：德育，从政治说教走向生活育德

陶行知说过，"生活即教育""社会即学校"。德育生活化是指教育者重视生活中道德资源的开发和利用，紧密联系学生的生活实际，对之进行道德教育。

曾经听说过这样一节品德课：教师走进教室，说，这节课，我们开展穿衣服活动。他要求学生，用一只手，想办法把外套脱下来。学生很不顺利地完成了。他又要求学生，两只手都不许用，想办法把外套穿上。学生真犯难了，

有用嘴的、有三两人互相帮助的，忙成一团，只有一部分学生完成了。教师宣布活动结束，待学生安静下来后，先后提了两个问题：穿衣是每天都做的事，今天有什么不同的感受？我们身边有一些行动不便的残疾人，我们应该如何对待？

这个故事让我们明白：教育来源于生活，教育存在于生活之中。教育只有通过生活才能发出力量，成为真正的教育。

在这些理念的支撑下，我校将德育工作定位为：从政治说教走向生活育德。

二、路径：班队精神家园建设

"班队精神家园建设"看似无形，实则有道。我们的道，就是班队精神家园建设"123"，即一条主线，两种模式，三项策略。

（一）一条主线：主题活动

为了加强小学德育的针对性、实效性，我们把主题活动划分为"心理健康教育""公民教育""生命教育"三个维度，然后从"我与己""我与家""我与人""我与国""我与地""我与天"六个主题进行定义和阐释。基于这样的角度进行构建，我们使三个维度、六个主题系列和谐统一，层次分明。

1. 心理健康教育

当今社会，大多数学生是独生子女，由于社会、家庭的不良影响，学校教育的不当，导致他们中的部分人程度不同地存在学习困难、情绪不稳、孤独胆小、惧怕挫折、缺乏毅力、懒惰、怯懦、自私等特点，尤其是青少年时期，迅速而特殊的生理变化也容易引发心理问题。他们的内心世界逐渐复杂，又不会轻易将内心活动表露出来；他们自主独立意识逐渐增强，但又有很多幼稚成分。据了解，目前全国中小学生有心理问题的人数已高达32%，由此可见，心理健康教育必须从青少年抓起。如果学生的这些心理问题不能被正确引导而任其发展，他们的主体性就不能更好地发挥，甚至有可能造成严重的后果。

2. 生命教育

属于每个人的生命只有一次，生命如此珍贵，我们应该珍惜生命。然而，现实中漠视自己和他人生命的现象却无处不在。重视小学生生命教育，并

找到解决的办法，就成为现代小学教育的迫切要求。

3. 公民教育

公民教育倡导自由、平等、公平与责任，倡导民主的参与和法律的信仰，倡导权利的珍视和行使，倡导义务的履行。可见，公民教育是我国现代化建设的重要基石。中国作为发展中国家，公民教育应选择一条具有中国特色的路。

4. 六个主题

六个主题中的"我与己"主题帮助孩子们了解自我的价值，发展出自爱与被爱、自我尊重与被尊重的能力；"我与家"主题让孩子们懂得尊重长辈、感恩亲人；"我与人"主题帮助孩子看见每个人都同样重要、同样有价值，从而学会爱人与尊重他人；"我与国"主题教育孩子们了解祖国、热爱祖国；"我与地"主题帮助孩子看见万物万事的美好，体会生命的意义，并爱惜所有生命；"我与天"主题帮助孩子体会和认识自己与世界、宇宙的关系，面对未来怀抱盼望，朝着生命蓝图前进。

主题活动的构建让我们的教师获益匪浅，找到了自我成长的动力。老师们都能根据学校体验式德育主题活动构建内容，自主挖掘资源，设计出针对性强，富有实效且形式多样的主题活动。

（二）两种模式：案例分析、自主管理

1. 案例分析

开学伊始，我们将家校沟通作为重点纳入案例分析中，将新学期的案例分析主题定位为"班主任如何与家长沟通"。我们采取的策略是以点带面，率先请三位经验丰富的级长讲述自己与家长沟通的点滴故事，从问题中来，到问题中去，为教师起到了抛砖引玉的作用。紧接着，东莞"最牛"班主任也被请进了我们的案例分析队伍，他的"诗意教育"影响着孩子们，同样也俘虏了家长们的心……

2. 自主管理

为了让班级自主管理有章可循，经过总结，我们探讨出多种做法：班干竞选、"人人有事做"岗位制、红领巾广播站学生自主采编、宿舍"争星"活动、大队干部才艺PK活动……从教师到学生，从学校到家庭，教师和家长不断摸索，不断总结，让孩子在自主管理的天地自由翱翔！

（三）三项策略：个性命名、班级博客、值周风采

1. 个性命名

到过我们学校的人都知道，我们每个班除了有自己固定的几几班外，还有自己的个性化命名。教师将班级命名为太阳家族、七彩石坊、智慧谷、温馨家园……这一个个富有诗意又意蕴十足的班名，寄托着学生、教师、家长殷殷期盼。每个班还有班徽、班歌、班级口号，走进各班，你会惊喜地发现，他们的板报也彰显了班级的个性。板报中最为醒目的大标题是班级个性化命名，每个板块栏目的名字都与班级个性化命名密切相关。

以成长小书院班为例，就有"成长脚步""成长书吧""书院公告"三个内容。"成长脚步"记录了孩子们在学习生活中成长的点滴经历；"成长书吧"既有教师推荐阅读的书目，也有孩子们书写的稚拙手笔；"书院公告"及时准确地报道学校、班级最近的新闻热点。各个板块的建设充分体现了班级鲜明的个性色彩。

以生态的视角来看，班级就是一个小社会。可以说，班级个性化命名是班级精神家园建设的灵魂所在，它是促进班级生存、发展的动力，是师生共同成长的关键。

2. 班级博客

在我们学校，班班有博客，班级博客就像一本打开的日志，一扇心灵的窗户。记录着班级的成长，抒发了教师的情怀，展示着学生的风采，闪耀着家长的智慧。这些，都给班队精神家园注入了勃勃生机。

3. 值周风采

学校每周一的升旗仪式，总让人有一种耳目一新的感觉。"不仅关注精英的发展，更关注全体师生的共同发展。"刘建平校长常挂在嘴边的这一理念在升旗仪式中体现得淋漓尽致。小小的升旗台，在松山湖中心小学却能成为无数学生锻炼的大舞台。升旗仪式的主持人每两周一换，礼仪天使、国旗班旗手每月一换，值周班长、国旗下讲话者每周一换。很多新来的教师参加了升旗仪式后总是感叹："我们原来学校站在国旗下的小主持永远是那几个孩子，可是松山湖中心小学的小主持却总有着不一样的面孔！"我的女儿也是我校四年级的学生，她在一年级第一次在国旗下发言时，紧张得声音发抖，在家练得好好的讲话稿差点读不下去了。再看现在，她已经几次和小伙伴一起代表学校参加

省、市乃至中央电视台、东亚艺术节的比赛及演出了！

三、结语

我们希望，我们也坚信：多年以后，孩子们也许忘记了语文、英语、数学科目的分数，但他们自己取的班名，还有班徽、班歌、班级口号，那个曾经伴他们成长的精神家园却镌刻在他们心中，永远不会被忘怀。

我的发言到此结束，最后祝大家生活更美满、工作更幸福！谢谢大家！

（此专题报告供《中国教师》特色学校考察团教师观摩学习）

超越学科化思维的品德课程重建

东莞松山湖中心小学　陈　果

1981年3月，教育部下发《关于小学开设思想品德课的通知》，1982年5月，教育部又颁发了《全日制小学思想品德教学大纲（试行草案）》。思想品德课程自此正式进入小学课程表。

2000年6月，教育部制定《基础教育课程改革纲要（试行）》，启动第八轮国家课程改革，2002年4月教育部颁布《义务教育品德与生活（实验稿）》《义务教育品德与社会（实验稿）》课程标准。这个阶段的品德与生活、品德与社会课程是以儿童的生活为基础的活动型综合课程。

从思想品德到品德与生活、品德与社会，前一阶段的品德课程是以国家规定的教学大纲的形式对学生进行系统的教学，表现为较强的知识性、系统性、简约性和封闭性。后一阶段的品德课程强调生活性、开放性、实践性、活动性，要求"遵循儿童生活的逻辑，以儿童生活中的需要和问题为出发点；以儿童的现实生活为课程内容的主要源泉；以用正确的价值观引导儿童在生活中发展、在发展中生活为课程的基本追求"。

品德课程从知识向生活的回归，是一种理想，是一个方向。为此东莞松山湖中心小学进行了超越学科化思维的品德课程重建，也拓展了学校"全人课程"的内涵与外延。

一、品德学科化思维及其影响分析

改革开放后，小学思想品德课程建设与教学实践都取得了很大成绩，但其学科化思维依然根深蒂固，惯性思维一直影响和制约着品德课程从知识向生活的回归，"说教的品德、知识的品德、课堂的品德"至今还比比皆是。

（一）教材编者的学科化思维

1. 内容编排与儿童生活失衡

品德的培养所遵循的应当是一种生活的逻辑，而不是一种纯学科的逻辑。心理健康、生命价值观以及公民素养、创新思维等伴随着儿童生活，所以教材内容不可以一年级"补锌"、二年级"补钙"、三年级"补维C"。

《品德与生活（2016年版）》《品德与社会（2011年版）》教材中，以主题编排为原则的思路的确超越了以往的品德教材，但是这种编排依然没有完全挣脱知识逻辑的"锁链"，只是将知识点改为知识板块而已。

以粤教版六年级上册《品德与社会》为例。全册共四个单元，每个单元主题分别是《美丽的地球》《文明的足迹》《牵手地球村》《爱护地球家园》，整整一个学期都是与地球知识相关的主题，更多涉及的是公民素养的问题，心理健康教育、生命价值观、创新思维踪影难觅。

2. 课文编排与课程特性失衡

《品德与生活》《品德与社会》的特点是生活性、开放性、实践性、活动性，这就决定了课文体例的生动性、灵活性。

尽管品德教材在课文编排上减少了文字性的阐述，但是依然存在随着年级的升高，图画逐渐减少，文字逐渐增多的现象。品德教材应有别于语文、数学等知识性较强的学科教材，文字要尽量简练。我们的品德课可否像澳大利亚学校那样没有教科书？！

（二）教材教者的学科化思维

1. 重知识、轻体验

在课堂上，教师关注的重点是学生答案的正确性。教师常问的话是："他说的对吗？"学生能回答出正确答案，教学环节就算完成了。例如，在教授粤教版《品德与社会》三年级下册《注意交通安全》这一课时，受学科化思维影响，大多数教师认为讲完交通警察、交通信号和交通标识等知识就完成了教学任务。这样的品德课只是把生活常识教给了学生，而没有让学生在活动中体验和感悟这些常识，从而转化为一种生活的技能。

2. 重教材、轻生活

教科书在教师心中是神圣的，大多数教师唯教材马首是瞻，不敢不用教材教。某班在集会时发生了不守纪律、大声喧哗现象；某个学生与同桌在课间发生了争执……遇到这种情况，教师不会根据当天学生生活的实际选择教材中相关的内容去进行教学，而是按部就班地讲，导致品德课内容与实际生活中学生的德行无从挂钩。

二、基于生活逻辑的品德课程重建

《品德与生活》课程以儿童的生活为基础，用"儿童与自我、儿童与社会、儿童与自然"三条轴线和"健康、安全地生活""愉快、积极地生活""负责任、有爱心地生活""动脑筋、有创意地生活"四个方面组成课程的基本框架。《品德与社会》课程设计的思路是以儿童社会生活为主线，逐步扩大儿童的生活领域，点面结合，综合交叉，螺旋上升。

东莞松山湖中心小学的品德课程重建，首先是课程理想的重建——以《品德课标》中课程结构框架为指引，基于生活逻辑，致力于学生社会生命的发展，核心是课程内容、课程教学的重建。

（一）课程内容的重建

1. 六大主题，尊重生活逻辑

结合品德课程标准设计思路，我们为一至六年级学生设计了不同的主题，内容与目标由近及远，螺旋上升，凸显儿童生活的层次性。

一年级，"我与己"；二年级，"我与家"；三年级，"我与人"；四年级，"我与国"；五年级，"我与地"；六年级，"我与天"。

2. 四个维度，注重生活养分

在各个年级的活动主题下，我们主要安排了心理健康、生命价值观以及公民素养、创新思维四个维度的内容，呼应课标中的四个方面内容。以参考案例的形式呈现。

例如，一年级"我与己"主题，"心理健康"参考案例"我的自画像""我们都是好朋友"；四年级"我与国"主题，"公民素养"参考案例"诚信是金""我和规则交朋友"……这些参考案例分别源自人教版、粤教版品德教材及上海真爱梦想课程教材。

（二）课程教学的重建

1. 强调生活，突破课堂局限

埃米尔·杜尔凯姆认为"我们不能僵硬地把道德教育范围局限于教室中

的课时：它不是某时某刻的事情，而是每时每刻的事情。"

我们将道德教育融合在整个学校生活之中。教学空间的开放与教学时机的多元是主要举措。

新学期开学，一年级学生在教师带领下参观美丽的校园，见证保洁阿姨、保安叔叔工作的艰辛，领悟"欣赏、自爱"的真实含义；三年级（"我与人"主题），让学生在运动场上开展两人一组背对背夹气球快跑比赛，体验"团结、协作"。课前三件事——摆桌椅、备用品、整衣服，既是教师品德教学时机多元的表现，更成为学生校园生活的一种常态。

目前，我们正在思考如何将视野扩大，将儿童的整体社会生活纳入品德课程，贯通与儿童整体社会生活的关系，为儿童反思、整理自己的生活提供专门的时机与引导，拓宽学生的生命宽度。

2. 强调实践，突破知识局限

行胜于言，心领神会不如身体力行。变知识的品德为实践的品德。教师在教学目标上要由知不知、懂不懂，调整为会不会、做不做，在教学过程上由记一记、说一说，调整为学一学、试一试。

为了让学生面对灾难时学会逃生，我们安排了消防安全演练。警报器响起，正在上课的教师、学生有序离开教室，按照指定路线"逃离"事发现场，教师、学生还亲自拿起灭火器，实地演练，将"火"扑灭！

"道德根本上是实践的"，它包括学习性的实践，人际交往的实践，社会公益性的实践，自立自理的实践等。我们以"校徽""校歌""校训""荔香园""足迹园""园中缘"为主题设计了一套雅正卡。若学生日常行为习惯良好，能做到主动问好、午餐光盘、捡起纸屑、帮扶同伴……往往会获赠一张雅正卡。集雅正卡，看谁的多，看谁的成套，是一种时尚，是一种文明。这就是我们品德课程的评价。

3. 强调活动，突破说教局限

我听了，我忘了；我看了，我知道了；我做了，我懂了！教师尝试用无痕的活动来代替有形的说教，把时间留给学生，把空间留给学生，把自由留给学生。这种以活动为主的课堂，包括模拟活动、情境再现活动、课本剧表演活动、参观访问活动、资料调查和校内外实践活动等。

三年级教师把学生带到体育馆，分成几个小组，让每个小组在规定的时间利用纸、订书机、胶带合作做"跳绳"。整个过程，大家分工合作。有的在剪纸条，有的把纸条订在一起，有的在弄胶带……直至最后取得成功。即将下课，教师问大家本节课有什么收获？孩子们争先恐后发言，但都指向一个感悟——团结力量大！整节课，带师没有说教，只有简单的活动布置和小结，而学生的纪律意识、合作意识却在不经意中迅速提升。"团结合作"渗透其中，心理健康教育、生命教育、公民教育、创新思维目标自然达成。

正如鲁洁教授所说："课程源于生活，生活是第一性的，即本课程所要学习的道德规范、社会知识、生活常识等都是从生活中来的，它们既不是神喻，也不是人们凭空构架、制造出来的，它们都是出于生活的需要而产生的。"松山湖中心小学的品德课程重建也不是神喻，更不是凭空构架、制造出来的，它是出于教育生活的需要摸索产生的。

（此文刊载在《中国教师》2016年第2期）

有一份记忆叫情怀

——王怀玉老师博客分享

东莞松山湖中心小学 陈 果

有人说：记忆是一台精彩的舞台剧，观看时令人心胸跌宕起伏；记忆是一个优美的曲谱，唱起来轻快优美；记忆是一坛陈年老窖，尝起来令人回味无穷。王怀玉老师用一种特殊的方式，在博客中书写着记忆，也书写着教育的情怀！

王怀玉老师，深圳市优秀班主任、深圳市优秀中队辅导员，南山区魅力教师，2006年调入深圳之前曾获得湖北省骨干教师、省教书育人先进个人襄樊市三八红旗手标兵等20余项省、市级荣誉称号，2013年7月被评为"中国李镇西式好教师"，现任教于深圳市南山第二实验学校（原"中央教科所南山附属学校"）。

从2008年4月29日—2014年9月29日，在这2340天的时间里，王怀玉老师发布博文822篇，平均每2.8天发布1篇。经统计，王怀玉老师的博客共有14个栏目，将这些栏目粗略一分，大致可以分为三类。

其一，关于学习的记忆。包括"书香碟影""课题思考""教育心得""教学札记""他山之石""会前会后"。

这些博文，无论是书评影评、教育教学感悟、还是对一本书的反复研读、对一次会议的前期准备和会后反思……点点滴滴，无不透射王老师的勤奋与好学，无不反映王老师的智慧与思考。

其二，关于生活的记忆。包括"母亲手记""家庭教育""健康美食""生活细味"。

王老师如此爱学习，但她并不是一个严肃、拘谨的小学语文老师。她热爱生活、兴趣广泛。她与18岁的女儿形同姐妹，无所不谈。她的博文中，无不流淌着幸福生活的影子。女儿高考前夕，她写了《家有高考女，开始研究一周早餐食谱》；周末游玩，她写下《身在都市，心向田园》；假期回老家，她写下《回家，重新做一回小孩儿》……一个懂得生活、积极向上的人，总会在博客中给人以鼓舞与快乐。

其三，关于教育的记忆。包括"学生故事""家校联系""快乐作业""博物之旅"。在她的家校联系栏目中，有这样一篇博文，《妈妈手记：与孩子"共度"的超营时光》。这是一个叫小雪的孩子的妈妈写的博文。与老师们平时做法不同的是，王老师将家长的博文放到家校联系中，而并不仅仅局限于学校或班级的任务布置。这体现了王老师对家长的爱，对孩子们的爱，对这份教育事业的爱，让家校共育达到了水乳交融的状态。

朱自清先生曾说："教育上的水是什么？就是情，就是爱。教育没有了情爱，就成了无水的池。"

王老师的博客，让我想到了三个关联词：温情、灵动、力量。

一、爱让博客充满温情

浏览王老师的博客，不经意间，看到了三个"咱"字，有《咱班钢琴公主欢凌暑假再获大奖》，有《瞧，咱们班爸的培训课多精彩！》，还有《咱班足球小子的精彩瞬间》。王老师发自内心的爱，无时不在感染着孩子们。孩子们同样用行动在回馈她的爱。在她生日之际，学生用稚嫩的字体写下：祝王老师生日快乐——这是人间最美的祝福。

二、爱让博客充满灵动

喜欢看王老师的博客，是因为她的博文异彩纷呈，好似一本百科全书，我总觉得，在她的博客中什么东西都能找到。不管是《如何建立激励机制 激发学生的进取意识》，还是《一则关于评语的对话》，还有《有感于一场特殊的毕业典礼》……这些博文，让王老师的博客充满灵动，让王老师的博客充满勃勃生机。

以下是王老师在博文《如何建立激励机制 激发学生的进取意识》中的

片段，也许从中你能感受到她的智慧。

我常想，一个班级文化核心应该是什么。曾经因为课题的需要，我把"尊重"作为行为规训内涵。在培养学生与人相处方面以"尊重"为核心是不错的，但现在感觉这是一个个体基本的做人要求和交往原则，需要长期持之以恒的教育养成。一个群体也需要一个精神风貌，而这个风貌应该是向上的、积极的、健康的。作为小学班级风貌而言，我认为侧重孩子进取心的培养。打造一个积极向上、充满活力的集体，有利于孩子健康人格的养成。

我们强调，教是为了不教，管是为了不管。可是，学生的自主、主动的精神动力在哪里？我们可以看到人群中有那么一些人，他们出来不惹事，循规蹈矩，待人彬彬有礼，但是你看他就像一潭静水，缺少生机。行动四平八稳我们可以理解为游刃有余，也可以理解为随遇而安。我认为孩子，拥有一颗童真的心的孩子，应该是心怀梦想的，有激情的，有创造力的。可是，上述的现象在孩子中也并不少见。我和一些家长朋友分析过这样的孩子，他们对自己就是缺少要求，生活没有目标，没有动力，得过且过，一句话——缺少目标导致缺乏进取心。

"问渠那得清如许？为有源头活水来。"王老师的博客如同一泓清泉，源源不断地流出对教育的理解、对生活的感悟、对学习的思考……当班上的同学参加完魔方比赛后，王老师也不忘将孩子的喜悦与大家分享。

"今天是星期六，我参加了一个与众不同的魔方比赛。为什么说是与众不同的呢？因为这个比赛是深圳市南山校园NO.1的魔方比赛，只有学生才能参加，是教育局组织的。我来参加这个比赛，目的可不是夺得名次，我是想要打破六年级的魔方纪录。那样，大家一打开南山校园NO.1的网站，就会发现我的名字。不过，前提是我要在45秒以内还原一个魔方。45秒！这可不容易，为了在这次比赛中打破纪录，赛前我做了很多准备。我每天使劲练习，常常复习一些技巧；我把魔方的螺丝拧紧一点，我可不希望比赛的时候'砰'的一声，所有的零件都从我的手上逃跑，飞到地上，或是到椅子后面藏起来，跟我玩捉迷藏。我还做好了心理准备，大不了就是不成功，明年还可以再来嘛……"

王老师说：博客，之于我，是心灵后花园，杂七杂八，有时是一个心灵的出口，同时它又成了一个新的交际圈。在这个圈子里，你会意外相遇一些有着相似兴趣的人，大家可以相互启发、相互学习。于是，王老师的博客成为传播正能量的通道！

三、爱让博客发出力量

王老师说："我的三本书书稿内容有60%来自博客记录，因为有这些随时记录，书稿整理起来很容易。我和万千教育的编辑也是通过博客认识的。这都是意外收到的'礼物'。之前我只是率性而写，根本没想过要出书。能够被一家大型教育图书公司约稿，对一线教师而言是最大的馈赠。所以，我认为，博客经营，其实也是给自己经营人脉，每天写一点儿，内容广泛一点，让别人多了一个了解你的渠道。尤其是家长，我的家长几乎都在默默关注我的博客。读到我之前的带班故事，有家长给我留言：'把孩子交给这样的班主任，在这样的班级里学习我放心'。这也是为什么家长如此支持我的工作的内在原因吧。"

每学期末，家长们都会收到孩子的评价手册，家长们最为期待的就是老师对孩子中肯的评价与殷切的期望。在王老师的博客中家长有这样一段留言：

（XC妈）2014-7-21　7：25：47

王老师您好！我这几天正想着给您发一段我对我已来回阅读了很多遍的学生"评价手册"里您写给孩子的班主任寄语的一些感言，正好此时再收到了您的肺腑之言，更加的让我感触良多……

因为，有XC姐之前成长经历的经验，让我体会到小孩在13岁前，家长的陪伴和言传身教是多么重要。所以，在教育孩子时，总体来讲我是采取比较严厉严格的态度居多。可是在奖罚的尺度上我一直没有把握好，有时会带着情绪处理问题，有时过于严厉又会让孩子不知所措甚至方寸大乱。这样的情绪传递给孩子不太稳定的能量，间接会让他变得更加浮躁、暴躁。我认识到自身的不足以后一直在不断地努力完善、调整自我，希望有更好的正能量影响和感染孩子。之前在XC的学习方面上确实没有过多的刻意安排和规划，只要求他把学校的功课不落下并认真完成，按老师要求做课前预习和课后复习。阅读课外书籍也只是随性而读。

以上的种种问题，我常常会反思着哪些做得不够好，哪些做得不到位，或怎样去调整，始终没有一个很好的方法。自从拿到了孩子假期带回的评价手

册后细细阅读，用心品味着王老师的寄语，让我对孩子有了不一样的感悟和认识。您寄语里的XC让我觉得既熟悉又陌生，让我重新认识了不断成长着的孩子。您每天面对着那么多的事务，校、级、班务要处理，还有一大群精灵古怪的顽皮孩子，依然能保持清晰及积极乐观的态度处理每一件大小事情以及在孩子的寄语里写出真挚而细腻的期盼和祝福，让人阅后会动容，心里满是暖意，在此我真心地仰视和感谢您的知书达礼、对孩子心无旁骛的仁爱心。您不愧是我们家长和孩子的好老师、好榜样！谢谢！

XC妈

短短几句的评语，在家校沟通中竟然能起到如此重要的作用，是王老师的爱心与智慧让博客发出坚实的力量！

文字和影像常常有着神奇的功能，它可以唤醒人们脑海中最深层的记忆和情感。王怀玉老师的博客传递了一种情愫、一种温暖和一种自信，你是否也想走进王怀玉老师的博客，走进她的班级生活，和我一起感受这份教育情怀？

（此文刊载在《南粤校长论坛》2014年11月总第5期）

我们的追求与建议

——在2012年新生家长会上的发言

东莞松山湖中心小学　陈　果

记得20世纪80年代有一句很流行的话：理解万岁。它主要是呼吁人们相互信任和体谅。我今天的发言就从理解讲起。不过，我这里讲的理解，主要是向各位家长介绍我们东莞松山湖中心小学对教育的认识和追求。

一、先来看几个事例

（1）参加工作多年来，我发现了一个挺有趣的现象：我小时候的一些同学，他们当年在学校读书的时候，成绩并不算很突出，可是却在社会上做得很成功。有些当时成绩很优秀的同学，现在却有很多人连工作都没有。

（2）还记得刘校长多次跟我们举例："我们学校招聘教师，有一些大学生，甚至研究生来应聘。从学历上看，确实不错，但是打开简历，好多人的字叫人哭笑不得，写得连小学生的字都不如。还真应了网上流行的一句话：'外表像研究生、说话像大学生、作文像中学生、写字像小学生。'"

（3）我还记得，一个高年级的学生对我说："陈老师，你知道吗？我们家很有钱！在家里，爸爸妈妈什么事情都不让我做。我从来没有洗过衣服，叠过被子；吃饭时，都是阿姨帮我盛好饭，放到桌上的。"

（4）据说某名牌大学高才生参加公务员考试，面试成绩不好。问其原因，他说，从幼儿园到小学到大学，从来没有做过干部也没有机会面对50人以上讲话发言，面对评委很怯场。

这样的事例可能有些偏颇，并不全面。但是很显然，这样的事例值得我

们认真地思考，严肃地反思：我们到底应该办怎样的教育？我们到底该教给孩子哪些东西？

二、我们的办学思想

东莞松山湖中心小学的办学思想，以东莞中学的办学思想为基础，融入松山湖生态平衡规划建设理念，同时在发展的过程中，不断赋予这种思想新的解读和新的实践意义。

1. 办学理念

自主、和谐、共同发展。

2. 办学宗旨

对每一位学生的终身发展负责。

3. 办学特色

教育生态平衡。

4. 办学目标

将我校建成为与社会发展相适应的、能与世界先进教育对话的国内一流学校。

5. 我们如何理解办学思想

我国教育家陶行知先生说："生活即教育。教学做是一件事，不是三件事。我们要在做上教，在做上学。"德国教育家第斯多惠说："不信任孩子的天性，就不可能有成功的教育。"

我们主张：以生态学的态度、方法来观察和思考学校教育教学活动，把握教育与生活、教育与天性的互动关系，让教育成为生命的"栖息地"。

我们提出：课程，从科学世界到生活世界；德育，从政治说教到生活育德；教学，从知识课堂到情知互动。

说的更直白一点就是，我们的办学思想指向每一位学生，每一位老师。对学生而言，我们强调要更关怀内向、落后、多动的孩子。于教师而言，新教师岗前培训、磨课俱乐部无不在提升全体教师的教学水平。我们"不仅关注精英的发展，更关注全体师生的共同发展"。

我们希望：学校是孩子们和教师们成长的精神家园。六年小学读完以后，孩子们不应是选择逃离而应对母校产生深深的眷恋之情，哪怕将来成家立业了，甚至白发苍苍了，他们还常常想回母校走一走，看一看。

三、我们的特色课程

每一所学校都会面临丛立新、黄华提出的"三问分数"：有分数吗？分数是怎样来的？分数之外还有其他吗？

前后两问，我们可以欣慰地回答，这个必须有，这个当然有。

分数是怎样来的？！是啊，语文、数学、英语……这些最基础的学科，这些最熟悉的学科，多年来可有变化？又有何进步？我们应该拥有怎样的教学境界？

我们追求这样的课堂：圈养的效率，散养的品质；充分的预设，灵动的生成；科学的思想，人性的光辉；情知互动，诗意的课堂。

课程是学校开展教育教学活动的主要载体。

将办学思想转化为具体的办学行为，物化为实在的办学绩效，最重要的就是课程的设置和落实。

我们的课程主要由"基础型"课程和"拓展型"课程构成。

基础型课程着眼于促进学生基本素质的形成和发展，体现国家对公民素质的最基本要求。

拓展型课程着眼于培养、激发和发展学生的兴趣爱好，开发学生的潜能、促进学生个性的发展。

2012年东莞松山湖中心小学课时安排表

课程＼年级		一	二	三	四	五	六
基础型课程	语 文	9	8	7	7	6	6
	数 学	4	4	5	5	5	5
	英 语	2	2	3	3	3	3
	科 学	0	0	2	2	2	2
	品 德	2	2	2	2	3	3
	音 乐	2	2	2	2/1	2/1	2/1
	美 术	2	2	2	1/2	1/2	1/2
	体 育	4	4	3	3	3	3
	信息技术	0	0	0	1	1	1

课程 \ 年级		一	二	三	四	五	六
拓展型课程	一些文雅气质	1	2	2	2	2	2
	一种探究习惯	0	0	1	1	1	1
	一门兴趣爱好	0	1	1	1	1	1
	一手硬笔好字	每天14分钟					
	一项健身技能	每天35分钟					
周课时总数		26	27	30	30	30	30

在基础型课程方面，尤其是语文、数学、英语方面，我们只争一流，不争第一。事实证明，几年的抽考及毕业班会考，我们的分数始终处于全市一流水平。

如果说我校基础型课程的呈现可以解答前面两问的话，那么我校拓展型课程的设置将让您更为了解分数之外的其他——拓展型课程"五个一"。

（1）一手硬笔好字——"天天练"写字课程，由语文及美术学科拓展而来。一至六年级开设，全体学生参加。课程资源：语文同步写字教材《天天练》。

（2）一些文雅气质——"中华经典诗文诵读"课程，由语文学科拓展而来。一至六年级开设，全体学生参加。课程资源：中华经典诗文读本《含英咀华》。

（3）一种探究习惯——"做上学"课程，由科学和数学学科拓展而来，三至六年级开设，全体学生参加。课程资源：《做上学》。

（4）一门兴趣爱好——"兴趣与个性"课程，由音乐、美术学科拓展而来。二、三年级以普及为主，全体学生参加，目前设纸艺、葫芦丝两个选项；四、五、六年级以提高为主，部分学生参加，分为学科类、体育类、艺术类、科技类四个系列20多个选项。课程资源：《纸艺·葫芦丝》。

（5）一项健身技能——"阳光体育"课程，由体育学科拓展而来。一至六年级开设，全体学生参加。目前以跳绳、毽球等运动技能讲授为主。课程资源：大课间活动手册《文武秀》。

拓展型课程"五个一"并不新鲜，都是基础教育的应有之义，我们的特点是整合为一个体系，落实到每一个学生。我们是课程，不是活动，更不是运动。所以我们的工作都不是立竿见影的。

今天送给每一个学生的这套丛书，在前面两个版本的基础上修订出版，是我们历经五年的智慧结晶，是学生小学六年的拓展型课程用书，请家长妥善保管。

四、再说隐性课程

1. 校园物质文化

以校训"养德、立美、尚文、健体、启智、求是"为线索分为六大部分。源于孔子倡导的六艺。校园物质文化的内容不是书店里买的，也不是请广告公司弄的，全部来自学生、教师、家长的内心世界，按一定周期轮流更新。

2. 红领巾广播

红领巾广播每天一个栏目，每个栏目一个指导老师，组稿、编辑、主持人现在已经实现栏目组负责制，全部由学生完成。

3. 升旗仪式

每周星期一的升旗仪式有国旗下讲话和值周班长做值周总结等活动，都是由各班推荐选送的学生来完成。如主持人，现在已经有240多位学生了。

4. 校园节文化

每学期一个文化节，五月的最后一周、十一月的第三周为展示周。读书节、科技节、英语节、艺术节，依次循环进行，两年一个周期。每年秋季十二月第一周召开运动会。

这些生动的实践活动，是需要教师们牵着走、扶着走的，也不是一劳永逸的。但我们相信，孩子们都很需要这些活动，我们的付出一定会有回报。

五、我们的几点建议

1. 多一点沟通，多一点宽容

教育是一项长周期的事业。教师不是圣人，教育不是万能的。我们的工作一定会有一些不尽如人意的地方。我们工作出现了问题甚至错误，请大家多一点沟通，多一点宽容。请直截了当、就事论事地向教师、向部门主任、向校长反映。是错误就改正，是误会就解释清楚。猜疑、起哄、匿名投诉、网上贴

吧，不是解决问题的好办法。

记得有一年教师节，一个学生做了一张贺卡打算送老师。老师说，你们好好学习就是给我最好的礼物。于是这个学生没有送出贺卡。几天后家长看到贺卡还在书包里就问孩子，孩子说老师不要。家长生气责骂了老师近一个月，终于忍不住去问老师，才知是误会一场。

再如有一个学生生病了，带病上学，下午放学因为高烧住进了医院。在医院里，家长骂老师"像死人一样，连学生生病都不知道"。一个班四五十个学生，某个学生没有精神若不特别留意还真看不出来，班主任今天在这个班很可能只有一节课甚至一节课都没有，家长给老师打个电话不就三分钟吗？

2. 爱孩子不要溺爱孩子，敬老师不要宠坏老师

爱孩子是所有父母的天性。但是，有些挫折和惩罚是孩子在成长过程中必须经历和面对的。例如，没有按时完成作业，必须接受批评教育。吃饭穿衣叠被，必须学会自理。同学之间摩擦吵闹，甚至磕磕碰碰，必须学会自己面对。个别家长太溺爱孩子，衣来伸手、饭来张口，床铺不能在空调下，座位要靠中间，饭菜要够档次，大把大把给零花钱，这样会把孩子的成长耽误了。

东莞经济发达，民风淳朴，素来有尊师重教的传统。家长们真心感激老师对孩子的关心和爱护，我们感受到理解，也感受到了幸福。但请大家不要因为爱老师，宠坏了我们的老师；更不要搞物资刺激，换取老师对您孩子的偏爱。这样受伤害的一定是我们可爱的孩子们。

六、结束语

好了！各位家长，今天主要是我们给家长介绍情况给点建议，今后会安排大家交流互动。下面几句话和大家共勉：

有缘才会相聚，有心才会珍惜；

有梦才有未来，有爱才有教育！

（2012年9月，为一年级新生家长做主题发言。根据刘建平校长发言稿改编）

风雨无阻 执着前行

——在班队精神家园建设论坛上的发言

东莞松山湖中心小学 陈果

　　受学校政教处委托，今天由我做班队精神家园建设论坛主题发言。我发言的题目是"风雨无阻 执着前行"。

　　相信在座的各位都听过《精神糖果》这个故事。当时陶行知老先生担任育才小学的校长，有一天，他发现一个学生用泥块砸同学，他立即阻止了这个学生，并叫他放学后到校长办公室。放学后，陶行知先生到办公室，看见这个学生在办公室门口等他，陶行知先生立即掏出一颗糖果送给他，说："这是奖给你的，因为你按时来到这里，我却迟到了。"当这个学生怀疑地接过糖果后，陶行知又掏出一颗糖果放到他手里，说："这也是奖给你的，因为当我不让你打人时，你马上就住手了，这说明你很尊重我。"接着陶行知先生又掏出第三颗糖果塞到这个学生手里，说："我刚才调查过了，你砸他，是因为他欺侮女同学。这说明你很正直，有敢于同不良行为做斗争的勇气！"这个学生感动地哭了，"校长，我错了，你打我两下吧，我砸的不是坏人，而是我的同学呀！"陶老满意地笑了，他随机掏出第四颗糖果递给他，高兴地说："为你正确地认识错误，我再奖给你一颗糖果。"

　　这个故事让我们明白：教育来源于生活，教育存在于生活之中。作为班主任，在班队精神家园建设中，我们也要像陶老一样，善于学会多给学生一些"精神糖果"。

　　这是我想表达的第一个意思：班队精神家园建设非常重要！

　　接下来我想说，我们建设班队精神家园要形神兼备。目前要先练好基

61

本功。

记得武侠片中描述的武术的最高境界是"无招胜有招"，无套路才是真境界。因为"形"是可以学的，"神"却学不来！任何事情，只有用心去做，才能达到形神兼备的状态。

我校班队精神家园建设的"形"就是"123"，即一条主线（主题活动），两种模式（案例分析、自主管理），三项策略（个性命名、班级博客、值周风采）。这"123"就是我们目前要练的基本功。

三年半来，相信在各位班主任的记忆中一定有过这样的画面：为了确定各年级的板块主题，冯主任和庆兵老师可谓绞尽脑汁。因为班队活动主题的确定，既要根据各班队状况因地制宜，也要放眼学生发展整体构建。最后我们规划的班队活动主线是，一年级《感恩·尊亲》，二年级《生命·纪律》，三年级《绿色·和谐》，四年级《诚信·改过》，五年级《明志·善学》，六年级《国际·理解》。我们通过板报、博客、家庭作业、生活体验等多种形式将主题推进并融入其中。这六个主题系列的确定，为我们今后的活动开展提供了清晰有力的依据。级长们可能也记得，那时走进政教处印象最深的就是冯主任桌面上那一本本有关德育管理、小学生心理辅导的书籍。班主任例会中首次案例分析是冯主任亲自上阵主讲的，从未接触过小学教育的冯主任从理论的角度，针对班级中存在的现实问题给大家寻疑解惑，可以说，每次的班主任例会都让班主任受益匪浅。案例分析模式充分培养和提高了班主任分析和解决问题的能力。在班级自主管理方面也涌现许许多多新颖而实在的做法。从最初的六人小组回归到秧田式座位，教师总是在实践中摸索着，找寻适合孩子快乐成长的真理。从低年级的小蜜蜂岗位到中高年级的班干部竞选、从"当机会来敲门时"到班级"多元评价"，这其中无不渗透着班主任的育人智慧。孩子们在自主管理中进步着，教师也在班队管理中成长着。我们不会忘记三年半前敢于第一个"吃螃蟹"的左娟、孙道明、王范艳、曹静老师，他们首开先河创建了班级博客，让班级有了个性化命名。太阳家族、海洋之星、七彩石坊、智慧谷，这一个个诗意又意蕴十足的班名，寄托着学生、教师、家长殷殷的期盼。可以说，在班队精神家园建设这一块，他们是领路人、是指明灯！

三年半来，我们的孩子们也在时间的流逝中不知不觉地进步着。我们还清楚地记得第一次家长会上的"小手牵大手"，第一次孩子们回家做感恩作业，第一次做手语操"感恩的心"，第一次班干部竞选，第一次座位轮换，第一次班队值周，第一次国旗下发言……三年半来，在学校领导和政教处的指挥下，我们迈出了可喜的一步！于是，我们看到了诵读会上每一个节目都彰显出的雅气和大气，看到了校园中葱郁的树木、洁净的地面，看到了艺术节上孩子们脸上的快乐与童真。我们听到了孩子们清晨到校时一声声清脆的问候，听到了孩子们读书时的自信，听到了音乐教室传出悠扬的葫芦丝声，听到了红领巾广播站传来那标准、流利的播音。

俗话说，金杯、银杯不如家长的口碑。三年多来，来自家长的、社会的、同行的、媒体的……对我们络绎不绝的称赞也是对我校班级精神家园建设的肯定。

以这次迁校建校为契机，校长高瞻远瞩，深谋远虑，及时组织"三岁感言"反思活动。反思活动不但使我们知道了今天为什么有口碑，更为我们明天的发展指出了方向。政教处带领我们编辑的《班队精神家园建设拾贝》，是对过去工作的总结提炼，更是我们未来班队工作的指南针。班队精神家园建设"123"不能停留在书上，更不能停留在过去。

这次班队精神家园建设论坛的颁奖，也许还不是很科学，还不是很完善，但学校的导向是明确的。那就是：

（1）指向性明确。所有内容均指向班队精神家园建设"123"。

（2）以数据说话。这就是告诉老师们，班队精神家园建设请先做好这"123"。

当然，如果说我们的"123"是一种有"形"的方法或策略，那么请大家运用这些招数，多点用心，注重其内在精神。

例如，如何让主题活动的开展落实得更扎实？如何才能使其从外显转为内化？如何让案例分析的实效性更强，所选的案例能否更具代表性？如何缩短班级或年级间学生自主管理的差距？如何让班级个性化命名深入人心并真正在学生心中成为班队精神的象征？如何让博客经营的更持久、广度更大、层次更深？如何让班队值周的评价更科学、国旗下讲话更精彩？

这些才是我们的精神所在。

有这样一首诗：我到河边饮水的时候，我觉得那水也渴着。我饮水的时候，水也饮我……爱是相互的、共同的。我们用心爱着学生的同时，学生也同

样会给予我们纯真的爱。班队精神家园的建设如果达到了这种状态，就必定会"形神兼备"！

老师们，我想说的第三个意思是既然选择了远方，便只能风雨兼程！

孔子说："朝闻道，夕死可矣。"当然这有点夸张的成分，孔子只是想说明人对真理或某种信仰追求的迫切。假如我们班主任对班队精神家园建设有这种热爱和痴迷，那么，我们班队精神家园建设之路也会越走越顺。也许，今天的我们会觉得疲惫，但是多年后的某天，当我们回忆往事的时候，我们一定会因为拥有过今天的努力而感到自豪！应该说，这是对我们这个团队的又一次重大考验，我们别无选择，我们无处可逃。相信我们会在班队精神家园建设的道路上越走越快、越走越轻松！

我的发言到此结束，最后祝大家生活更美满，工作更幸福！谢谢大家！

（2010年3月15日为全校班主任做主题发言）

聆听智者的声音，让我们飞得更高！

——东莞市第一期德育管理干部研修班结业典礼发言

东莞松山湖中心小学　陈　果

古人云："他山之石可以攻玉。"教育的发展需要探索和反思，更需要学习与借鉴。为了解开德育管理工作中存在的困惑，更为了获取先进的德育管理理论知识，2011年6月16日，我有幸参加了东莞市第一期小学德育管理干部研修班的培训。在近一年的可谓见缝插针的培训时间里，我的感觉是快乐且充实！快乐，源于能够与本市的一群志同道合的德育工作者们为伍，从他们身上获取无数宝贵的经验；充实，因为每一次听专家的讲座，都能感受到思想的涤荡，灵魂的升华。尽管每次培训都要经历早起、堵车等困难，但为了享受一场场精神盛宴，我依然乐此不疲，甘愿"累并快乐着"！在此次培训学习中，我有几点感悟。

一、教育无小事，培训重细节

陶行知先生说得好："教育无小事，事事皆育人；教师无小节，处处皆楷模。"培训期间，非常感谢进修学校的老师们在生活、学习上给予我的无私的关怀和帮助。此次培训可谓教育无小事，培训重细节。细心的教师可能早已发现，无论是大型的开班典礼，还是每一次的分班活动，进修学校的领导可谓细致入微。从一个个洁净的茶杯到一张张贴着姓名、学号的座位表、指引牌，再到老师们的那一张张亲切的笑脸，这些，无不彰显着进修学校管理水平的高档次，无不反映了进修学校教职员工的高素养。细节决定成败，正因为有进修学校这样强有力的后盾，我们的培训才会水到渠成，才会"为有源

头活水来"！

二、理论为支撑，实践来夯实

本次培训分两个层面：一是听进修学校安排的各类专家讲座。讲座内容可谓异彩纷呈，有市教育局思政科的领导为我们做我市小学德育现状分析，有华南师大的心理学专家教我们如何走进孩子的内心世界，有进修学校的老师和我们一起分享团队建设的成果，还有建设小学、南城小学等学校有经验的德育干部为我们传授学校德育规划的制定与实施。更难得的是进修学校的校长们还亲自上阵为我们讲授"学校文化建设与德育"等课程。专家们的讲座深入浅出，让我们受益颇多。迟教授的讲座妙语连珠，让我们在轻松的氛围中掌握了应对问题学生的技巧；田校长发言如其人，严谨而有条理，在他的讲解中，我们对学校文化建设与德育的关系有了更深的理解；张彤老师一个个生动而引人深思的案例，为我们每个德育工作者敲响了警钟，一个个案例在提醒着我们，维权与守法并重……二是外出考察。外出考察的第一站我们参观了具有深厚德育底蕴的袁崇焕小学，听取了朱校长的报告。朱校长向我们介绍了学校管理的特色、方法以及取得的成果。令我们感动的是，朱校长毫无保留地将学校自编的"文明礼仪三字经"给我们分享。凤岗油甘埔小学朴实热心的家长义工、优雅知性的女校长、干练的少怀主任……给我们留下了深刻而美好的印象。短短一天的考察，我们无时无刻不感受到油甘埔小学"爱的教育"的理念在这里生根发芽！

这样的培训，有理论的支撑，有实地的考察，有"信念"为前提，在实际的"做"中相信我们一定能"鹰击长空，鱼翔浅底"，我们一定能将"信且做"进行到底！

三、学习为平台，广结同行友

如果说这次的培训没有耽误大家的工作，那肯定是假话。参加这次培训的都是东莞市各校主管德育的干部，大家平时的工作琐碎而繁杂。可是这样一次学习的机会又让大家毅然放下工作，与同行聚在一起。因为，在这里同前来学习的各个学校的德育干部一起生活、学习，让人快乐！每当课余饭后，抑或是午休期间，同行们都会聚在一起谈谈听课体会、说说工作中的烦恼，在交流中互动、在沟通中学习。德育工作难做，德育工作如何做，这是德育工作者普遍关注的问题。通过交流，大家互相学习学校的优点，或者从学校的做法中得到启发。思维的碰撞就这样于无声处产生了智慧的火花！我认为，作为一名教师、一名德育工作者，必须要有这种发自内心的"触动"，才能将学到的德育内容融化在自己的血液里，才能在具体的德育实践中更好地运用所学到的德育理论知识，进而才会对学校德育工作起到切实的推动作用。

四、培训为契机，德育必先行

"育人为本、德育为先"是实施教育的主导思想。通过培训，更让我意识到了这一点，德育工作是学校工作的重中之重。就我校而言，"让每个孩子体会成长的快乐"既是对孩子的承诺，更是对德育管理者的要求。面对不断发展而又缤纷复杂的现代社会，面对良莠不齐的网络、媒体，越来越多意志不坚定的孩子，令我们的教育越来越显得力不从心，其实根本原因就在于我们的德育还没有真正起到作用。正如我校所倡导的——让教育从生活开始，与生命同行，教育只有植根于生活的沃土上，才会焕发出勃勃生机。

一直很喜欢汪国真先生的散文《我喜欢出发》，现摘录于此，向关心和帮助我们成长的各位领导、老师及同行，致以最崇高的敬意！

"凡是到达了的地方，都属于昨天。哪怕那山再青，那水再秀，那风再温柔。太深的流连便成了一种羁绊，绊住的不仅是双脚，还有未来。

怎么能不喜欢出发呢？没见过大山的巍峨，真是遗憾；见了大山的巍峨没见过大海的浩瀚，仍然是遗憾；见了大海的浩瀚没见过大漠的广袤，依旧遗憾；见了大漠的广袤没见过森林的神秘，还是遗憾。世界上有不绝的风景，我有不老的心情。我自然知道，大山有坎坷，大海有浪涛，大漠有风沙，森林有猛兽。即便这样，我依然喜欢。

于是，我想用青春的热血给自己树起一个高远的目标。不仅是为了争取一种光荣，更是为了追求一种境界……"

我的发言完毕，谢谢大家！

（2012年6月，在东莞市第一期德育管理干部研修班结业典礼上的发言。）

让我慢慢地走近你

——凤岗镇油甘埔小学教育考察报告

东莞松山湖中心小学　陈　果

2012年3月2日，这既是一个普通的日子，又是一个难忘的日子！我们东莞市第一期小学德育管理干部研修班近22名学员在市教师进修学校陈德根老师的带领下来到了凤岗镇油甘埔小学进行考察。顺着窄小的巷子，我们的车缓缓驶入这所乡村小学。

一、带着疑惑走近你

说实话，从迈入油甘埔小学的那一刹，脑海中开始涌出疑惑：这么小的乡村小学，师资力量行吗？生源会好吗？它们有些什么亮点可以学习的呢？当一个个穿着写有"家长义工"标记的家长们热情地站在门口欢迎我们时。当看到孩子们那一张张快乐幸福的笑脸在阳光中绽放时。当老师们面对来访的宾客落落大方时。我心中的疑惑在一点点融化。我猜想。这所貌似普通的学校一定有它不普通的一面。

二、带着期待走近你

果不其然，走进二楼会议室，第一眼见到时尚而又优雅的毛校长时，我的第一感觉是：这不是一个寻常的女人。带着一丝期待，我悄悄打开了桌面的文件袋。从油甘埔村委会及油甘埔小学主编的《油溪》杂志、《家教学堂》报中，我对这所学校略知一二。同时，我也对学校的办学理念产生了浓厚的兴趣。

伴随着教导处副主任也是我们本次研修班学员的刘少怀的娓娓道来，我开始了一次不寻常的学习之旅。

三、带着赞赏走近你

活动安排的第一项是观看学校简介影片、由刘主任做德育管理经验介绍。刘主任，一个外表纤弱的女子，从她的发言中不难发现她实在、朴素的一面。源于学校精细化管理的模式，油甘埔小学的德育工作不管是针对班主任，还是班干部，抑或是课堂、课间都进行了细化管理，其中包括教具准备、课前阅读、课前一支歌、感恩操、学生会检查……通过细化管理，少先队大队部学生能自觉定期开展队部工作会议；值日学生每天早操后和下午放学后都能自觉开展当日工作总结会议；班干部们能较好地协助老师管理班务。在刘主任的介绍中，我无数次被打动，就是这样一所师资力量并不强大、生源质量并不优秀、办学条件并不乐观的乡村小学，创造了一个个辉煌。令人震撼的是，这所学校竟然从2007年开始，由当初的37名家长义工，发展到现在的174名，更为震撼的是，就是这样一些朴实无华的家长义工们，制定了家长委员会章程、部署了家长委员会任务、还对每个家委会成员进行了细致分工。孩子们放学没人接送，家长义工们会主动将孩子送回家；周五的第二课堂，家长义工中书法爱好者会主动前往学校为孩子们免费教学；班级中出现问题了，家长义工们会齐心协力，帮助班主任打电话、走访学生家长，帮老师们把难题一一解决……用毛校长的话说，家委会的创建，起初是艰难的、备受争议的，但走到今天，我们的领导、老师们却轻松无比。我想，拥有如此和谐融洽的家长团队，能不对学校的发展推波助澜吗？油甘埔小学的领导、老师们，你们是幸福的！

一个小时的报告就这样悄无声息地过去了，我还在回味着家委会带给我的启发。随后，毛校长的一番情真意切的发言再次引起了我的深思。

"没有爱就没有教育"这句从毛校长办学理念、管理介绍中时时进出的话语，在随后的参观中一一应验。

"思路决定出路。"有一个好校长，就有一所好学校。在毛校长这种爱的教育理念支撑下，学校处处彰显了爱的影子。少先队叫爱心天使，广播站叫爱心天使广播站。少先队大队部的干部们叫爱心天使干部……在报告中，毛校长还提到了几个对学校发展起重要作用的有爱心的社会人士和家长：赵厚荣先生，一个与校长素昧平生的英籍华人，多次捐款给油甘埔小学作为爱心基金；

还有一位因孩子患重病得到社会关爱的家长在毛校长爱的教育的感染下，将医治孩子未用完的善款回赠给了社会。我想说：正是因为这位将爱时刻放于心中的毛校长的引领，爱才会在老师们、家长们、孩子们的心中生根发芽，学校才会和谐发展，不断进步。这不正是我们想要的理想的教育吗？

随后进行的班干部交流会再次让原本有午睡习惯的我精神一振。班级干部交流会用案例分析的模式呈现，在无老师的指导下，孩子们自己将班级管理中遇到的问题抛出，然后根据职务分组进行讨论并汇报解决的方法。这一模式有效地提升了学生自主管理能力，对促进学校德育工作的良性发展起到了至关重要的作用。

考察活动在午后的暖阳中即将结束，我们却意犹未尽。"雄关漫道真如铁，而今迈步从头越。"油甘埔小学校长、老师们的教育情怀一定会打动更多的教育者们，让我们并肩在教育改革的大道上优雅地前行！

（本文入选东莞市小学德育管理干部研修班考察报告集）

"惩罚"，也需要艺术！

东莞松山湖中心小学　陈　果

教育家马卡连科说，"合理的惩罚制度有助于形成学生坚强的性格，能培养学生的责任感，能锻炼学生的意志和人的尊严感。"

《管子·小问》中有言："坚中外正，严也。"因此，我们对学生强调的是"严中有宽，严中有道，严中有度"。惩罚是把双刃剑，如何运用，是一门学问，更是一门艺术！

一、"惩罚"的前提——关爱

苏霍姆林斯基说："如果你不爱学生，那么你的教育从一开始就失败了。"

法国电影《放牛班的春天》中有位手背在后面，歪着脖子看人，双目露出凶光的校长，他用残暴高压的手段管理着一群问题学生，可是，适得其反，孩子们并没有在他的打压下改变自己，整个学校危机四伏！被前任教师评价为"天使的脸蛋，魔鬼的心肠"的学生莫昂奇在黑板上画了新教师马修的肖像速写，马修因势利导地还莫昂奇一个滑稽的肖像素描……校长的严厉没有镇住这群学生，而憨厚善良的马修先生却用爱给这里的孩子一片光明。

无独有偶，老教育家孙敬修爷爷有一次看见几个小朋友在摇一棵小树。孙老沉思片刻，走过去，把耳朵贴在了小树上。孩子们莫名其妙，问他在干什么。孙老说："你们听，小树在哭呢！你们把他的命根快摇断了！"孩子们听完后，惭愧地低下了头，孙老乘势说："我们去拿铁锹和水好吗？"孩子们飞快地拿来了水桶和铁锹。孙老和孩子们一起给小树培土、浇水。自此，孩子们成了小树的护卫者。

魏巍在《我的老师》中写道：最使我难忘的，是我小学时候的女教师蔡

芸芝先生……她从来不打骂我们。仅仅有一次，她的教鞭好像要落下来，我用石板一迎，教鞭轻轻地敲在石板边上，大伙笑了，她也笑了。我用儿童的狡猾的眼光察觉，她爱我们，并没有存心要打的意思。孩子们是多么善于观察这一点啊。

其实，惩罚的根本宗旨在于"治病救人"，其出发点和终结点都应出于爱。

二、"惩罚"的核心——智慧

曾经有这样一个调皮的小男孩。一天，他忽然想亲眼看看狗的内脏。于是他偷偷地把校长喜欢的一条狗杀掉，然后把内脏一件件剥开观察。校长知道后，非常生气，决定"惩罚"这个小男孩，让他画一幅狗的骨骼图和一幅狗的血液循环图。小男孩照办了，杀狗事件就此画上了句号。这两幅图，至今还珍藏在英国亚皮丹名人博物馆中，而那位小男孩，若干年后因为研制胰岛素成功而荣获了诺贝尔奖。他就是英国著名生物学家约翰·麦克劳德。

这样的处理方法，既让麦克劳德认识到自己的错误，又保护了他的好奇心，还给了他一次学习生理知识的机会，使他对狗的解剖派上了用场。可以说，充满智慧的惩罚，不是让学生受皮肉之苦，而是触动其心灵。

澳大利亚有几个少年放火把森林烧了，烧死烧伤很多人和动物。澳大利亚政府的做法是，让他们挨家挨户去道歉，安慰受伤者及其家庭。这样的惩罚方式可以说是对孩子非常负责的做法。他们去道歉时看到被大火烧伤的人，触目惊心，终生难忘。这种惩罚的方式是人性的，既不伤及孩子尊严，又使他们从中受到教育。

三、"惩罚"的要点——时机

人非圣贤，孰能无过。抓住惩罚的时机，可以有效增强教育的效果。

苏霍姆林斯基指出：唤起学生实行自我教育，乃是一种真正的教育。新课程倡导体验式学习方式，学生在教育活动中只有真正参与了、体验了、感悟了，唤起了主体意识，激发了自己实行自我教育，这样的教育才是深刻的，才会让学生受益终身。

魏书生让犯了错误的学生写心理病历和诊断报告就很受学生欢迎。一个学生喜欢骂人，魏书生就让他写心理病历，为了让学生达到目标，避免自食其言，魏书生就分五个疗程治疗，让学生一步步达标。

第一个疗程：调动一切手段，使自己从现在起，坚持到天黑，一天不骂人。

第二个疗程：有了一天不骂人的基础，你就有能力达到三天不骂人。

学生果然取得了前两个疗程的成功，三天没有骂人。于是，魏书生又引导他确定第三个疗程：一周不骂人。

成功之后，确定第四疗程：一个月不骂人。

最后，第五个疗程，达到一个学期不骂人。这个学生品尝到了写心理病历的欢乐，品尝到了战胜自我的欢乐，品尝到了自我解放的欢乐，很快改掉了动辄骂人的坏毛病。

中国青少年研究中心副主任孙云晓说："教育本就是十八般武艺，表扬、批评、奖励、惩罚，什么都应有。没有惩罚的教育是不完整的教育、是一种虚弱的教育、脆弱的教育、不负责任的教育。"

"随风潜入夜，润物细无声！"相信充满艺术的"惩罚"一定能让孩子的心田绽放心花！

（此文获东莞市"立德树人，立教圆梦"师德征文评比小学组二等奖。）

在民间，自驾游是一种有组织、有计划，以自驾车为主要交通手段的旅游形式。在学校，自驾游是教师外出学习时，个性化、自主性的学习形式。"自驾游"策略让教师的学习快乐又轻松。

第三章

自驾游策略

自驾游活动策略概述

——以体验型课程建设为例

一、何为自驾游策略

自驾游（self-driving tour），是自驾车旅游的简称，简单地说就是自己驾驶汽车出游。2006年首届中国自驾游高峰论坛将其定义为"一种有组织、有计划，以自驾车为主要交通手段的旅游形式"。自驾车旅游在选择对象、参与程序和体验自由等方面，给旅游者提供了伸缩自如的空间，其本身具有自由化与个性化、灵活性与舒适性、选择性与季节性等内在特点，与传统的参团方式相比具有独特的魅力。

这里所讲的"自驾游"策略，是指部分教师外出学习时，学习对象、学习时间、学习内容，可以由自己进行个性化选择，线路自主，说走即走！

二、体验型课程组自驾游概述

唐朝初年，北方的东突厥出动骑兵，不断骚扰唐朝北部边境，给人民的生命财产造成极大的损失，并威胁着皇都长安的安全。

朝廷派大将军李靖率兵出击，打得东突厥军队仓皇退逃。其首领颉利可汗为了获得喘息机会，假装向唐太宗求和。唐太宗同意了，并派使臣去抚慰东突厥军队。这时李靖认为机不可失，可乘此良机一举消灭颉利可汗。于是他亲自率一万骑兵奔袭东突厥兵营，打得毫无防备的敌军四处逃窜，并俘获了颉利可汗。

机不可失，时不再来！时机对于外出学习来说同等重要，"对"的时间、遇见"对"的导师、学到"对"的东西，对老师们才有意义。"自驾游"策略尤其注重说走即走。

自驾游活动实录选辑

游记：上海，体验型课程的收获之路

东莞松山湖中心小学　陈果

"世界那么大，我想去看看！"在生活中，我们经历过一次次说走就走的旅行，在工作中，这可不是件容易的事。但在松山湖中心小学，来一次说走就走的学习之旅并不新奇。

2014年4月25日上午，我从上海真爱梦想基金会工作人员处得知：第二届"真爱梦想杯"全国校本课程设计大赛颁奖典礼暨学术研讨会于4月26—27日在华东师范大学举办。彼时学校刚刚向上海真爱梦想基金会申请建设梦想中心，梦想课程的内容模块"我是谁？我要去哪里？我要如何去？"与正在构建的主题体验活动内容不谋而合！前往上海与课程组专家交流学习该是一次多么难得的机会！得知会议的消息后，我马上跑去向校长请示，期待能够得到这次难得的学习机会，校长一如既往地给予支持。于是，订票、调课、收拾行李……从得到消息到出发仅仅几个小时。25日当晚，我如愿踏上了前往上海的学习之旅！

原定晚上9：30的飞机因故推迟到12：30，抵达上海普陀区的旅馆已是凌晨时分，再加上上了一天的课，我深感疲惫。但江南雨后清新的空气却让我消除了疲倦，对两天的学习充满了期待。

第二天清晨，我转过街角，此次会议的地点华东师范大学跃然眼前。暮春时节，华东师范大学这所名校在蒙蒙细雨中显得分外美丽。校园中一个个充满活力的学子、小道旁郁郁葱葱的树林……

步入会场，三百多位来自全国各地的教育一线工作者济济一堂，教育部基础教育课程教材发展中心常务副主任曹志祥、上海市教育委员会巡视员尹后庆、上海真爱梦想公益基金会理事长潘江雪、英国大使馆文化教育处教育交流项目总监王海燕、华东师范大学课程与教学研究所所长崔允漷等多位领导、专家、学者出席了本次研讨会。会场中真爱梦想基金会工作人员身上的一抹抹红色让人心醉。基金会发起人潘江雪女士的一段话特别震撼人心：帮助孩子们自信、从容、有尊严地成长。一天的学习下来，我们收获着，梦想的火花已被点燃！

此行的初衷不仅想聆听专家的讲座，其实更想走进梦想课堂。可是这次会议的核心问题是"走向专业化的校本课程设计"，这似乎与拓展型课程更为吻合。正略感失落，却有了意外的收获。在会场中，华东师范大学课程与教学研究所所长、真爱梦想基金会的课程开发首席顾问崔允漷教授对校本课程的设计发表了深刻而独到的见解，他对各校的校本课程开发有着浓厚的兴趣。我灵机一动：能够在这样的场合介绍的校本课程，不是也给我们此行添上亮丽的色彩吗？崔教授像是猜透了我的心思，下一个环节，他特意安排了学校代表与专家对话。不知是大家怯场还是何故，会场一片安静。我鼓起勇气，将学校校本课程的设计理念及内容娓娓道来。当介绍到学校课程体系包括基础型课程、拓展型课程、梦想课程时，崔教授给出建议："三个课程应该是并列关系，应有层次性和逻辑性，从字面上看，梦想课程显然与前面的课程不太对称。"一语点醒梦中人。体验型课程取代梦想课程，三位一体的课程应运而生……

短短两天的学习很快结束了，这次说走就走的学习之旅，使我有缘见到了课程专家，更有了意想不到的收获！回程的路上，我在微信朋友圈中欣然写下：喜欢在路上的感觉，不同的人、别样的景，总给人新奇与惊喜！在路上，你的视野将更开阔；在路上，你的世界会更广博！上海之行已经为我们打开视野，为我们开启了体验型课程一扇明亮的窗！

游记：贵阳，体验型课程的观摩之行

东莞松山湖中心小学　林　琳

　　贵阳是"中国避暑之都"，夏日平均气温23℃。那里到处点缀着浓郁的少数民族风情和风格独特的刺绣与挑花，那里不管是大饭店还是街头小吃店都能让吃货们品尝到令人垂涎的特色美食……贵阳有着太多的诱惑，然而在这个炎炎夏日吸引我们远道而至的却是贵阳市花溪区华阳小学的梦想课程。

　　2014年初，学校行政会经过认真谨慎的考察后决定向上海真爱梦想基金会申请建设梦想中心，以借鉴它的优秀理念来推动学校德育主题体验活动，进而完善体验型课程。目标定好了，接下来就是有效有序的行动。然而，体验型课程应该怎么上？要如何把体验型课程与其他课程结合起来？

　　无独有偶，从第二届"真爱梦想杯"全国校本课程设计大赛颁奖典礼及学术研讨会上了解到，贵阳市花溪区华阳小学的梦想课程开展得非常好。听说华阳小学在6月12号有一个交流活动。听到这个消息大家都兴奋起来了，七嘴八舌地表示很希望去看一看，学一学。接下来，写报告申请、安排调课、预定住宿、准备行囊……一天后，带着探索和取经的心情，体验型课程的先行者一行四人踏上了贵阳之旅。

　　一到贵阳，大家就被"冻"到了，赶紧给穿着短袖的自己添上长袖毛织小外套，凉爽的贵阳果然名不虚传！尽管晚上十点钟才到达学校附近的宾馆，十点半匆匆在路边小摊吃了一顿不知该称之为是晚餐还是宵夜的美味，第二天一大早就满怀期待地来到华阳小学，与刘校长一起到食堂边吃早餐边聊课程的情况。上午听三节课，然后与学生交流。这效率！没有丝毫水分，活动安排得满满当当，收获也是满满当当。

　　华阳小学引进梦想课程已经有了四年的时间，在三位校长的带头作用下几乎所有教师都接受过梦想课程的培训。他们不仅有专门的梦想课，而且把

课程的理念也融入其他学科教学中。第一节课是由一位年轻的体育教师执教的梦想课。梦想课跟主题体验活动课一样属于活动课，活动课的重点在于每个活动要有明确有效的目的而不是为了活动而活动，难点在于教师对活动过程的掌控。这位教师虽年轻，课却备得不错，现场驾驭能力也强，活动环节层层有序递进，组织活动注重细节、有条不紊。此节课将合作意识体现得淋漓尽致。这正是我们学习的初衷！

第二节数学课更是改变了大家对这门课程的观念，整节课教师几乎没有真正去讲授过一个问题，而是用精彩的设计和简短的语言严谨有序地组织学生自己去完成。学生跃居成为课堂的主人，小组合作学习、分工负责、探究讨论、轮流发言，充分体现了梦想课程注重培养学生的探究意识、合作意识和问题意识的理念！正所谓山重水复疑无路，柳暗花明又一村。大家似乎找寻到了体验型课程的意义所在。

第三节是语文课。在听课的过程中大家不知不觉地忘记要去留意课的设计、理念，而完全被师生间那些长久沉淀下来的东西感动着：学生对老师的感恩以及学生本身日积月累的丰富知识和优秀表达能力。从学生自信的发言中，能明显地发现他们思维开阔、知识丰富、表达能力很强；而且心地善良，能看到别人的付出，心怀感恩。如果只是几位优等生如此并不难，难的是绝大多数学生都是这样。付老师介绍说这得益于常年在生活中、在课堂教学中重视融入对学生的情感教育和经常让学生讨论开放性的话题并让每个学生都有表达的机会，这些都是梦想课程给予他们的启发。

短短半天下来，收获颇多。原来，课可以上得这么轻松；原来，课堂真的是学生的舞台；原来，自信、有条理、懂感恩的学生这么熠熠生辉；原来，梦想课程与其他课程不一样，它能融合到其他学科里优化其他学科的教学！

在梦想课程的指引下，我的感恩之心似乎开始膨胀。我要感恩，感恩成为松湖中心小学一员，在其他学校可能是"虽不能至，心向往之"的事情，在松山湖中心小学就变成了"心向往之，行必能至"。我要感恩，感恩梦想课程，让孩子们学会合作，自信而文雅。我要感恩，感恩华阳小学，给大家提供了学习的舞台。贵阳之行让人豁然开朗，自信从容的学生、严谨优雅的老师、温和睿智的校长，如同孙楠的那首《爽爽的贵阳》，轻松、温暖，富有别样精彩。

德育主题活动案例：保护鸡蛋

东莞松山湖中心小学　黄　燕

一、缘起

2010年9月，刚刚备孕成功，怀揣着一个小生命，喜悦只在一瞬间，我的身体就出现了先兆流产的症状。害怕，担忧，往返医院，请假病休。躺在床上，百无聊赖，我用手抚摸着自己的小腹，心中阵阵酸痛，不由感慨生命的脆弱。就在那一瞬间，年近30的我一下子感受到了母亲的不易。后来，经历了孕前期三个月的小心翼翼，孕中期四个月的呕吐，孕后期三个月的担心害怕，直至生产的剧痛，以及照顾孩子的呕心沥血，我从心底里告诉自己，做母亲就是一场修行，母亲，天下第一亲；母爱，天下第一爱。

由此，2012年5月，母亲节来临之际，我设计了这次体验型活动。

二、构思

对于教师而言，正是有了孕育生命的体验，才能够真切感受母亲的伟大。对于孩子而言，拥有何种体验，才能够唤醒其心底深处对母亲那最深沉的感情？这就是这次体验型活动设计的要点。做饭的时候，看到那一磕就碎的生鸡蛋，脑海灵感顿时闪现：让孩子们进行一次"保护鸡蛋"的行动吧！这就是体验母亲孕育过程的变形。

三、实施

布置孩子们"保护鸡蛋"的任务时，孩子们是懵懂又兴奋的。任务要求：带一枚生鸡蛋，可以用各种方法对生鸡蛋进行保护，但是从早上起床开始，刷牙、洗脸、吃早餐、上厕所、上学、午睡，任何时候鸡蛋都不能离开身体，直至下午课程结束，鸡蛋完好无损者为胜利！

孩子们一来到学校，我就检查了49个孩子的生鸡蛋。看那一层层的包裹，各式各样的小心思，显示了他们对这次活动的热衷。整个上午，孩子们显得无比小心翼翼，但又时常意外频出。每当鸡蛋破碎的消息传进耳朵时，我就微微一笑。直至第四节体育课结束，栋林哭着对我说："老师，我的鸡蛋一上午都保护得很好。体育课我就是轻轻跳了一下，鸡蛋便撞碎啦。"就在那一瞬间，孩子的眼泪，触动了我心里最柔软的地方，使我又感觉到了自己躺在病床上的那个瞬间！

下午第一节，德育主题活动，第一个环节是统计完好无损的鸡蛋个数。49个学生，只有24个完整的鸡蛋。揭示课题——"善待母亲"。结合自己的孕育经历，我向孩子们描述了生命的脆弱与不易。正是有了保护鸡蛋的体验，孩子们这时候听得格外认真，心与心，在这节特殊的课堂上展现。随之而来的是"父母生日知多少"的调查，孩子们对要怎样善待母亲的讨论很是热烈。临下课时，"妈妈，我想对您说"感恩卡的书写水到渠成。

四、感想

心理学家早已通过研究证实：通常阅读，能记得百分之十的信息；删除能记住百分之二十的信息；但经历过的事，却能记住百分之八十。由此可见，体验式学习直击孩子心灵。"保护鸡蛋"活动，让孩子们体验到了母亲孕育生命的不易，在心灵深处与"善待母亲"这一主题形成共鸣。这次课程设计的目的达到了。但是，在同一个活动中，孩子们的感受应该是多元的。

保护鸡蛋，体验生命之脆弱；保护鸡蛋，体验母亲之艰难。这次活动，让学生真正懂得感恩，让学生真正开始审视自己对待母亲的言行。

请看，活动后学生真切的体验！

彤熙：今天，老师让我们拿一个鸡蛋一直放在身上，不能离开身体，上课睡觉也一样，一定要拿在手里。早上还好，下午就不行啦。妈妈您经历了十个月，就更加辛苦啦。是您赐予我生命，是您把我带到这个世界上，是您一直呵护我，谢谢您！

陈依妆：感谢您，是您将我带到这个世界上，您在怀着我的时候是那么辛苦，还要小心翼翼地保护我，怕别人撞到您的肚子。那时候，您怀着我，经常呕吐，但您还是一直坚持吃饭。因为您怕肚子里的小宝宝没有营养。您生我时那阵剧痛，您忍住了，高兴地迎接一个小生命。谢谢您，妈妈！

听，这些审视自我言行的心声！

沐之：妈妈，我感谢您，因为是您把我带到这个世界上，在生我的过程中，您十分辛苦。一不小心，我就将离您而去。您把我抚养这么大，花了不少心思和时间。以前，我会跟您顶嘴，跟您吵架，但当我体验到您生我之不易时，我十分愧疚。以后，我不会这样啦！

颖杨：您经历怀胎十月，忍受百般疼痛生下了我。但是，平时，您叫我干什么，我还生气不愿意做。在这里，我想对您说声：对不起。我为我的任性向您说对不起。此外，我还为您对我的爱护，真诚地说声：谢谢！我以后一定会把这些坏习惯慢慢改掉，我保证！

雪怡：我感谢您，因为是您，不辞辛苦地把我带到世上，拉着我的手，带我一步一步走向未来，品味人生。我知道，我常惹您生气，令您伤心。我在此向您说一声："对不起！"每当我累了，您总会为我提供一个温暖的避风港；每当我伤心了，您总是为我提供一个温暖的怀抱。妈妈，您就像一只小船，载我远航，到那最温暖的地方。妈妈，您就像一首乐曲，让我愉快，一直在我身边关心我，永远永远。妈妈，我爱您。

一枚小小的鸡蛋，一次难忘的体验，在成长的路上，我们从心灵深处呐喊：

母亲，天下第一亲！

母爱，天下第一爱！

德育主题活动案例：爱我现在的时光

东莞松山湖中心小学　谢金凤

一、教师篇

那一天，蒙蒙细雨如烟如雾，天气很冷。走在古朴而陌生的广州番禺石基小学校园里，我心里却温润如春——刚在这个学校上完了一节体验课"爱我

现在的时光"，结束时同学眼角淡淡的泪光和老师赞叹的眼神仍在脑海萦绕。体验课，给我打开了另一扇窗。

对于新的事物，我总有一点好奇，因为未知，所以神秘，所以向往，哪怕那里有豺狼出没。想不到一路的披荆斩棘，居然让孩子有了很大的收获，继而由中山大学导师文丹枫推荐，有幸到广州和中山的两所学校上课交流。除了语文教师这个角色，我对自己又多了一重认识。

二、主题篇

开始，对于"体验课"的理解是一片空白。后来在摸索中，渐渐有了脉络：重在学生自身的活动和感受，而非教师的"告诉"。这个重要的媒介，就是"体验"。而体验是多重的，有些是热闹的活动，有些是细微的心灵变化，但无一例外，都是把学生当成鲜活的个体去尊重，让学生全程参与，升华出属于自己独特的想法感受，是"学生自己想要说"，而不是"老师说要学生听"。教师在课中只是主持人，是带路者，是引路人。

其实，课堂本来就应该是这样，教育本来就应该是这样，只是这次，借着"体验课"的名号，再一次把这内涵发掘出来而已。达尔文说："能够存活下来的物种并非是最强大的，而是最具有活力的。"好的课堂也是充满活力的课堂，怎样才是最具有活力的课堂呢？有"我"的地方！我做到了，我得到了，我才真正理解和成长。

有了方向和思路，就开始"下达"，找到一个合适的主题和契机，用上合适的方法，为学生搭建成长和收获的平台。五年级的孩子，处在叛逆期初期，往往对自己身边的幸福视而不见，反而斤斤计较身边的一点点不如意。如何找到心灵的触碰点，"四两拨千斤"？恰逢四川雅安地震一周年，不曾失去，便不懂得拥有。一场关于生命教育的心灵体验课出现了。

三、课堂篇

课的开始我呈现了生活的平静，淡淡的音乐中让学生写下"十件生命中最重要的人或物"一式两份，一份放好。

接着呈现了四川雅安地震的无情问："谁也无法预料明天，假如是你遇到了地震，你会失去一样东西，请你把刚写的十项之一涂黑"。课堂很安静，随着预设的状况不断深入，车祸、疾病、盗窃……各种意外侵蚀着原本拥有的美好，学生下笔的手越来越艰难，还不时传来啜泣声——面对不曾正视和珍惜的美好，要舍去，竟是如此痛彻心扉。剩下最后一两项，再也无法下笔了，脑海里奔腾翻滚，学生眼珠红红的说着内心深处的声音。

接着，一个关于史铁生不断失去的故事"爱我现在的时光"，平复了孩子的心情，也引发了从感情到理智的思考——当你过好了每一天，你越拥有一个完美的过程，你越有可能拥有一个完美的结局。最后回归现实，回忆曾经拥有的最幸福的画面，组成一棵"幸福树"，意在珍惜身边拥有的一切。再拿出原来备份的"十件生命中最重要的人或物"——失而复得的感觉多么幸福！最后，本节课以一首诗歌《世界因你而存在》结束，留下意味深长的旋律回荡于心：昨天已经过去，明天还在征程。爱现在的时光，好好珍惜和利用现在的时光！世界为我而存在！……

关于珍惜的主题，说得多了也便失去了色彩，也许"向死而生"，才有"切肤之痛"，再也没有什么比"失而复得"更令人温暖。

四、学生篇

雯：当我看到奶奶的名字时，想起她满是皱纹又充满慈爱的脸，记得她最后一次生日，好多人围坐在一起，她的手慢慢抚摸着我的头发。我的眼泪就出来了，好想她，怎么就不再出现了呢？

胡素菡：原来我是这么幸福的，回到家就有妈妈煮好的饭菜，还有这么漂亮的教室让我们学习。如果这些都没有了，那么多么让人难过啊！我想回去好好抱抱我的爸爸妈妈。我要珍惜我现在的生活。

可欣：今天我偷偷地哭了，看到一个个涂黑的黑点，想到他们不会再回来就很难过。想起妈妈曾经告诉我一个故事：有条小鱼经常说没意思好无聊，于是自己跑出去玩。它被大鲨鱼追杀只能躲在石洞里，那里没有妈妈，没有好朋友，也没有好吃的东西。它终于后悔了，幸好后来回到了家。所以我不要抱怨了。

熟悉的地方没有风景，我喜欢出发，哪怕荆棘密布。尝试就是一种成功，全力付出就无悔。自己成为一个锐意进取而诗意行走的人，才能带着学生踏实快乐前行。爱我现在的时光！

德育主题活动案例：体验，甚于教化万千

东莞松山湖中心小学　刘美玉

《淮南子》有言：千人同心，则得千人之力；万人异心，则无一人之用。这和毛泽东的"团结就是力量"的意义如出一辙，强调的都是一个集体要团结，否则就算人数再多也没有用。团结，这个话题在每个阶段都会有，如幼儿园、学校、企事业单位等。但每个阶段讲的内容又不尽相同。对于小学三年级的学生而言，他们要懂得的是：如何在活动中与他人合作，如何学会合理分工。而内讧、不听从指挥、没有发挥小组各成员特长等，是三年级学生在团队中最突出的问题。团结就是力量，这五个字的口号喊起来铿锵有力，实施起来却不那么轻松。

一、案例实施环境

上学期末我接任三（1）班班主任，发现男女生都有"分帮结派"的现象，有的甚至还出现了互相排斥的情况，打小报告的比比皆是，这很让我头痛！经了解才知道，因为"历史原因"，班级几次更换班主任，班级管理犹如一盘散沙。我深深地知道，我需要做的就是确立一个核心，然后用大家都感兴趣的东西把学生聚拢起来。我搜集古今古外有关团结的故事，尝试召开主题班会、个别谈话，可都无济于事。

苏格拉底说："教育不是灌输，而是点燃火焰。"我决定设计一堂体验活动课，通过活动直击孩子内心深处，唤起他们最真实的体验。

二、案例实录

课堂上，我用一副扑克牌让学生玩破冰游戏。我让他们随机抽取扑克牌，并根据牌上的点数去找自己的队友。学生一抽完牌，便四下开始寻找，他们需要主动去沟通，主动去询问，才能找到自己的队友。全部坐定后，四人小组需要在最短的时间内推选出队长、定好队名、选好口号。不一会儿，"超级飞侠队""闪电队""拆房大队"一个个充满个性特色的小组名横空出世，各队的口号要么坚定有力，要么霸气十足。一时间，教室里笑声、掌声响成一片。这小小的"破冰"游戏，已经打破了学生人际交往间怀疑、猜忌、疏远的藩篱，就像打破严冬厚厚的冰层。学生已经在不知不觉中放松并变得乐于交往和忠于自己的团队。

团队基本形成，但要靠实际的活动来检验，接下来利用手中的扑克牌搭建梦想之塔才是重头戏。如何利用扑克牌将梦想之塔成功搭起？各组在搭建之前，在队长的领导下先讨论搭建方案，然后再动手。每个小组都行动起来了。有的小队长决策能力强，搭建行动迅速开展；有的小组你争我吵，没有形成共识；有的则各自为政，不欢而散。鼓劲声、唉叹声、埋怨声，不绝于耳，我都浅笑不语。比赛只剩最后五分钟了，还有一个小组没有测量成绩。大家都不自觉地把目光投向了他们。只见他们的塔牌一次一次地倒塌，可全组人员没有埋怨，没有推诿，只听得队长大声地说一句：没关系，再来一次，一定能行的！在队长的带动下，其他组员有了信心，也有了动力。他们分工合作，两个人负责折牌，一个人负责搭建，另外一人负责善后，就这样，塔牌开始成形，并慢慢向高处延伸。周围的学生也屏住呼吸，静静地观看着。在比赛的最后五分钟，他们搭起了101厘米高的梦想之塔，并最终赢得比赛的胜利。顿时，教室里响起了雷鸣般的掌声。

搭建塔牌活动结束后，各小组总结自己成功或者失败的原因。接着我抛出问题：你有没有与人合作过的经历？引导学生从活动到现实，主动地去寻找合作成功的原因和失败的教训。这是激发学生心灵的一个触点，也是一个关键点，抓住这些时机，可以顺利达到教学目标。课后，学生们写下课堂上最真实的感受。

钧艳：这一次我们没有团结，所以失败了，即使别人不小心搞得也不能怪他，再说就没时间重来了，所以我们要团结，要分工合作。有人负责拿牌，有人负责折，有人负责拼，不能心急，慢慢来就会成功的。我希望下次能成功。

思晗：这个"搭建扑克牌"的游戏，让我明白了"一棵树成不了森林"，就像梦想有时候会不那么容易实现，但是只要不放弃，鼓起勇气继续去

搭，去追寻，坚持下去就一定能够有收获。

煜凯："搭建扑克牌"这节课给了我很深的体会，它让我知道人无完人。活动过程中，我们先用了其中一位同学的方法搭建了排塔，结果发现这种方法很不稳定，于是我们在这个基础上改变了一点，可还是不太稳。我们继续改正，终于到最后找到了好方法。这也让我们知道了"孤木不成林""孤掌难鸣"，只要你主动与人合作，勇于动脑筋解决问题，就会成功搭建梦想之塔。

这些体验让我如获至宝！教师苦口婆心的说教和不厌其烦的灌输，怕也不能让孩子们有如此深刻而真实的体验。这节课过后，班上学生悄然发生了变化，值日时先完成自己职责的同学会主动去帮助还没完成的同学；科技节上，最引人注目的是几个孩子一起努力制作的作品；文武秀比赛上，全班上下团结一致，最终摘得桂冠；课堂上的小组竞赛，有人获胜时同学们及时奉上祝贺的掌声；有人失败时投以鼓励的眼神………

也许，这正是体验型课程设置的绝妙之处。它让孩子们在体验中学习，让学生真正感受到学习是一种体验、是一种创新、是一种享受、是一种乐趣，更是一种价值的体现。对于老师而言，体验型课程带来的何尝不是全新而独特的体验呢？

三、课后漫笔

美国教育家苏娜丹戴克说过："如果你告诉我，我会忘掉；如果你给我看，我会记住；如果你让我体验，我就会明白。"体验型课程以"游戏""活动"等为中介，将被辅导学生内心世界投射出来，并进行辅导，少了枯燥的说教、听厌了的大道理，变为激发学生自我省悟、自我教育和主动改变。每个学生都是主角、参与者，都是课堂的一部分，他的见解、感受都是这个活动中不可多得的财富。课堂不再是一言堂，而是通过营造宽松、启发式的环境，让全体学生在活动中有感触、有思索、有收获。

"教育，每天都充满悬念。"期待着每一节课上的"悬念"——那是孩子们内心最纯真的感受、最耀眼的思想火花。在体验型课堂上，每一个生命都有其生命的价值与活力。这样的课堂无时无刻不充满着挑战，我时刻准备着，准备着……

领头雁，是带领大雁飞行的头雁。它们在高空飞行，不时排成"人"字或"一"字形，整整齐齐，十分壮观。教师发展平台体系下的项目主持人及项目小组，就是引领教师团队发展的智慧的"领头雁"。

第四章

领头雁策略

幸福

领头雁活动策略概述

——以一手硬笔好字课程教学研究为例

一、何为领头雁策略

领头雁，带领大雁飞行的头雁。它们在高空飞行，不时排成"人"字或"一"字，整整齐齐，十分壮观。细心观察的人会发现，并不总是由固定的某只大雁担当领头雁，飞成人字形的时候，中间的领头雁承受了最多、最大的空气阻力。因此聪明的大雁想出了轮流领头的好办法。大雁之间互相信任，无论谁做领头雁，都会尽心尽力地做到最好，从不埋怨。就这样，它们在互相支持和信任下，最终到达目的地。这是自然界生态系统中适者生存的规律。

这里所讲的"领头雁"策略，是指项目主持人制。在教师发展平台体系中，不同课程体系下都有着不同的研修项目。这些研修项目的实施，由教师申报项目主持人，组建项目组，推进教师的发展。项目主持人及项目小组就好比是"领头雁"，带领大家进行这个项目的研修。学校也可根据需要，聘请某个教师做某项目的主持人，成为某项目的"领头雁"。

"领头雁"策略既体现了生态取向下教师发展的生命性、关联性、生态位，也思考了群体发展和教师个体发展之间的关系，发挥同伴互助、团队帮扶和学校引领的作用。个人研修、同伴互助、导师引领，一切都是那么顺其自然，外行人也能做好内行事，幸福源于群体发展。

二、一手硬笔好字课程教学领头雁概述

秦朝末年，统治阶级的残暴统治使得民不聊生。为了修筑北方的长城，募集许多劳工。陈胜、吴广等因为大雨延误行程，按律当斩，他们提出"王侯

将相宁有种乎"，于是揭竿而起，其他豪杰也蜂拥而起。起义军迅速推翻了秦朝的统治。

"王侯将相宁有种乎"大意是说，做王侯将相的人难道是天生的贵种吗？

"轮流领头"是"领头雁"策略的第一要义。在不同的时期、不同的节点、面对不同的问题，都会出现不同的领头雁。

一个人的成绩是做出来的，不是天生的。一所学校，乃至整个社会，没有谁天生就是"高大全"的人物。每个人的命运都掌握在自己的手中，只有靠自己的努力才能改变不平等的命运！

"产生共振"则是"领头雁"策略的另一要义。

20世纪70年代，美国一个名叫洛伦兹的气象学家在解释空气系统理论时说，亚马逊雨林一只蝴蝶翅膀偶尔振动，也许两周后就会引起美国得克萨斯州的一场龙卷风。这就是有名的"蝴蝶效应"。

蝴蝶效应是说，初始条件十分微小的变化经过不断放大，对未来状态会造成极其巨大的影响。人一旦成为社会的一员，他产生的共振现象会对社会产生不可估量的影响。

"领头雁"策略可以说无处不在，现在以一手硬笔好字进行例说。

邱卫春，年已四十八，属于"老人"级别，是数学老师，虽貌不惊人，却技艺高深，曾因一手漂亮的硬笔好字受学生追捧，被学生奉为偶像。进入松山湖中心小学后，他在写字方面的特长得以发挥利用，他被任命为一手硬笔好字课程工作组组长，堪称我校拓展型课程的领头雁！

2006年11月，他遇到了新的问题：期末将至，一手硬笔好字课程该如何对学生的写字效果进行评价？中国书法考级早已形成一系列成熟的评价体系，邱老师从中获得灵感，期末进行写字测评，依据学生写字水平进行评价，从低到高依次评定为一级甲等、乙等至八级甲等、乙等。每个年级制定相应的达标标准，如四年级达标标准为四级甲等，每班四级甲等以上的学生均达标，依此类推，全校各班写字课程的成效跃然纸上！

一石激起千层浪！在邱卫春的带动下，拓展型课程组其他组长纷纷紧跟而上。王强组长开始设计符合文雅气质课程的评价体系。饱读诗书的他从古代科举考试中得到启发。于是，文雅气质课程评价等级确定为童生、秀才、举

人、探花、榜眼、状元、大学士。匡芝兰组长则反其道而行之。她紧跟时代潮流,将一门兴趣爱好课程的评价设置为才人、能人、高人、牛人、达人、超人……如今,当你翻开学生素质报告册,看到其中异彩纷呈、规范而丰富的课程评价,当你发现孩子们在攀升的等级中,不断看到自己的进步,加强了学习的兴趣和信心,你一定会由衷赞叹邱卫春老师当年的远见卓识!

作为写字课程的第一责任人,语文教师魏彩霞清楚地认识到,她的职责是指导学生写一手硬笔好字。她发现孩子们写字时普遍趴在桌上,脚踩在凳子铁杠上,坐姿极不标准。学生有良好的坐姿,有健康的身体,才能写好字。于是,一手硬笔好字课的上课铃声响起,她让全班学生统一保持头正、身直、脚放平的姿势,开始犹如军事化的反复训练……二十一天过去,学生坐姿标准如一!邱老师发现了魏老师的妙招,于是组织全校的教师分批到她班上进行观摩学习,同时,把魏老师训练学生坐姿的方法在全校推广……悠扬的《渔舟唱晚》音乐响起,在"头正身直脚放平,两臂张开略挺胸……"写字姿势口令的提示下,全校学生都以标准的姿势在端正地写字。

如何开展一手硬笔好字写字教学?这是一手硬笔好字课程开展实施以来一直困扰在教师心头的问题,也是阻碍此课程朝深度发展的重要因素。

从语文、数学开展磨课俱乐部活动中,邱卫春老师得到了启发,一手硬笔好字课程同样可以利用现有资源,成立写字教学研修班,摸索出一套行之有效的写字教学方法和教学模式,使写字教学朝着规范化、专业化方向发展。

2013年春天,一手硬笔好字写字研修的号角正式吹响,八仙过海,各"写"神通!一手硬笔好字课程工作组成员邱卫春、邵洪波、钟晓华身先士卒,语文教师王强、王小琳、韦慧,数学教师刘贤虎,音乐教师于洪民成为第一批"吃螃蟹"的人。

十四分钟的课,时间怎么分配?可谓一寸光阴一寸金。老师们从张老师的示范指导课"竖弯钩(竖钩)"中得到启发:十四分钟的课"麻雀虽小,五脏俱全!"一堂完整的写字课由引入、讲解、练习、评价、拓展五个部分组成,各环节环环相扣轻重适宜,时间分配合理,能最大限度地提高课堂效率。

"忽如一夜春风来,千树万树梨花开。"老师们在一手硬笔好字教学展示活动中,通过观摩各种课例,从中受到启发,举一反三,触类旁通。于是,全校各班的写字课堂不再"平静"，每一位写字课程教师都依样画葫芦，开展了像模像样的一手硬笔好字教学。教室中不时传出"描一个、写二个""顿笔、提笔、出锋"等专业术语。

而今，邵洪波接过师傅的担子，担任一手硬笔好字工作组的组长，带领着全校教师在一手硬笔好字课程教学的路上继续执着前行！

领头雁活动实录选辑

研修心得：八仙过海"写"神通

东莞松山湖中心小学　邱卫春

一手硬笔好字写字课程伴随着学校的创建已走过了七个年头，其间虽说步履蹒跚，但总在不断前行。身处其中的你我，在付出辛劳的同时也收获着成功和快乐。然而，每当在一手硬笔好字时间行走在教室的走廊，看到教师在教室忙碌行走的身影，心里会涌起一股莫名的惆怅与尴尬：我们的教师什么时候能够在一手硬笔好字写字课堂诗意地行走呢？

一手硬笔好字写字教学研修的号角已经吹响，写字教学的春天终于来了，这一次号角吹得不同凡响，吹出了——八仙过海！

一、八仙过海阵容大

从人员组成上看：一手硬笔好字工作组成员有笔者、邵洪波、钟晓华，有班主任韦慧、级长王小琳，有艺体科长于洪民、工会副主席刘贤虎、教导主任王强。

从学科上看，有数学老师、语文老师、美术老师、音乐老师。

从内容上看，有基本笔画、偏旁部首、间架结构、行楷。

从时间上看，有两节四十分钟的长课，六节十四分钟的常态课。

从课的实效性看，有的课可管半周、一周、二周甚至三周。

从学校重视程度上看，待遇优厚，由于是拓展课程的第一次教学研修活动，学校奖励每位参与研修的教师一把紫砂壶。

二、八仙过海话写字

如何上好十四分钟的写字课？

1. 教什么？（教学内容）

可以把有共性的内容放一起教，提高课的实效性。

基本笔画，如长横和短横、悬针竖和垂露竖等。

偏旁部首，如单人旁和双人旁、两点水和三点水。

间架结构，左右相等、左窄右宽、左宽右窄。

共性的内容放一起教，好比较，可突出不同点。

2. 怎么教？（教学过程）

（1）精讲：读要点、编口诀、看图例、占好位。

（2）示范：千言万语不如轻轻一笔。有粉笔示范和硬笔示范，建议多用硬笔示范。硬笔在投影仪上示范，运笔的轻重缓急等细节丝毫毕现，能把笔法之精髓原汁原味地传达给学生。当然，示范的字体必须规范，课前要反复临摹张胜华老师的字。

（3）书空：书空有利于学生掌握字的笔顺以及掌控运笔节奏的快慢。

（4）练习：描二个、写二个。"精练一个"强过"乱练一百"。

（5）评改：在评改的人员上，师评有一种权威性，具有信服感；生评体现互动和主动，具有生动性。

在评改的方式上，朱批是一种重要的手段。教师在学生的写字作业上进行朱批，有一针见血的效果。

（6）练习：在评改完后，再次让学生描二个、写二个，既给了学生改错的机会，又可检测学习的效果。

3. 时间怎么分配？

十四分钟的课，可谓一寸光阴一寸金。在学生的练习时间上，要控制练字的数量，重视学生练字的质量。在知识点的学习上，要详略得当，收放自如，切不可每个知识点的学习都照搬上面的流程。例如，长横和短横的学习，重点放在长横的学习，学生掌握了长横的写法，学习短横就轻松多了。

不论什么教什么内容，都必须结合范字进行，一味地重复某个单项训练是枯燥、单调的，也是无生命的。

研修心得：从一无所有到满载而归

东莞松山湖中心小学　钟晓华

一手硬笔好字教学研修的过程是一个从一无所有到满载而归的过程。在研修中，我又成长了，更明白了做事要急他人所急。谢谢课后所有老师的鼓励，付出让我收获自信。

在研修的过程中，除了接受意见，自己的想法也要说出来。在教案的形成过程中，特别是后半段时间，与张老师交流了很多。一方面请教自己还不清晰的问题，比如内容应该怎样整合，主笔的定义等。一方面也会说出自己的想法，比如这五个主笔打算分为三组来讲，结合学生的情况，竖画可以略讲。本来考虑时间原因，最后的戈钩打算略讲，但张老师说戈钩是重点，不能略讲。教案进一步调整，也越来越成熟。因此，在第一次给张老师试教时，大家都觉得达到了预期的效果。所以说研修前期交流很重要，把自己的想法和导师的想法融合起来，课会很快成型，后面试教起来也会事半功倍。

研修，修炼出了更坚强的意志。从小，我都很少能接受批评，我是一个害怕面对挫折的人。不过，工作让我成长了不少，也越来越坚强。从第一次试教起，我就在心里对自己说，不要担心课上得不够好，提出来的意见越多，课才能越上越好。我学会了勇敢地正视自己的不足，大方地接受别人的意见。抱着这样的心态，我进行了一次，两次，三次，四次的试教。在这个过程中，我越来越想听到不同的声音、听课人的想法，正因为有这样，课才能越来越臻于成熟。我也明白了听得越多，看得越多，学得越多，思考得越多，最后才会上出属于自己的课，也由此，我的小心脏也变得更加强大了。

研修，当你上完课后，那种喜悦感，轻松感是无与伦比的，真是柳暗花明又一村，之前所有的付出都是值得的。

研修心得：一手硬笔好字教学方法

东莞松山湖中心小学　邵洪波

"长横与短横"这一课，虽然只有短短的十四分钟，可是为了上好这节课，我早在上学期的期末就已经开始准备了。

学习书写，是一个以笔画为起点，字体结构从简单到复杂，从单字练习到篇章练习，从观察范字、描红、临摹到最后独立书写的系统的、循序渐进的过程。教师在教学中应科学合理安排，要有讲解—练习—评讲—再练习四个步骤，使学生在书写实践中，逐步掌握基本技法，提高写字能力。以下就以"长横与短横"一课为例，进行抛砖引玉，分享一些感悟和收获。

一、讲解

低年级的学生形象思维占主导地位，而汉字则是抽象的视觉符号。因此在讲解笔画的过程中要做到字中有画、画里有字，将汉字的基本笔画和图形进行联系、观察，让学生对字形印象深刻。

横画，一个看似简单的笔画却能让人体会到中国书法的艺术魅力。横画的书写要有节奏和力度的变化。书写长横时，在空中斜切入笔，收笔略微倾斜按笔。短横轻入笔，由轻到重。这是开始磨课时的教案里设计的口诀，试讲后，发现口诀中的词语太专业，对于低年级的学生来讲并不容易理解，脱离了实际。经过导师的指点后我改成了既简单又便于记忆的三字口诀。重轻重，慢快慢。笔画讲解中的口诀要简短，三字以内为宜。

中国的书法家数不胜数，各有所长。木有本，水有源。一手硬笔好字教材中的范字选取张胜华老师的硬笔书法字体为范本，那就应该坚持用张老师的字体，切忌用其他书家的字体，更不应该用印刷的字体和电脑字体。范字的选择应以一手硬笔好字教材为准。

书空是记忆字形的一种练习。书空在字形教学中有着独特的作用，它是识字和写字之间的桥梁。例如，长横，分析了长横的形态（左低右高）后，我让学生一边念口诀一边书空。书空练习利于学生对笔画加深印象，让笔画形象生动。

如果你觉得刚才的都只是纸上谈兵，那么教师示范就是真功夫，一定不可缺少。人们常说，"身教重于言教"，榜样的力量是无穷的。书法是一门实践性很强的学科，尤其是基础的技法教学，必须借助一定的示范配合。特别是田字本上的书写示范，能使学生更直观地明白漂亮的字是怎么写出来的，然后通过自己的亲身实践便能感受书法的美。

二、练习

张老师说"精练一个，强过乱练一百"。写字重质量而不能重数量。因此在练习的过程中要明确练习数量和方法，如"描一个、写两个"。目标明确，才能有的放矢。

三、评讲

评讲的部分就是学生信息的反馈。教师选取有代表性的两三个作品进行点评分析，结合学生点评，指出学生的通病并用红笔改正，效果明显，学生受益匪浅。

四、再练习

讲评部分加深了学生对笔画技法的记忆，使学生认识到自己的不足。改正后再练习有助于使学生巩固记忆和掌握运笔的方法。值得一提的是十四分钟的一手硬笔好字课，无论时间再短也至少要有一个例字的应用练习。笔画是汉字最小的构成单位，练习笔画的目的就是为了写好中国的汉字。

写字教学讲究方法，教无定法，贵在得法。

研修心得：从繁杂到简约

东莞松山湖中心小学　王　强

如果说一千个人心中有一千个哈姆雷特，那么一百个教师的一手硬笔好字常态课应该有一百种上法。一手硬笔好字课该如何上？有没有固定的规律和模式？

我通过这次研修，解除了以上的困惑。这次研修，也让我认识到了十四分钟的写字课简短却不简单。它要求我们教师课堂上不能贪多求全，要从繁杂走向简约，从无招走向有招。

一、内容精挑细选

是教学，就离不开教师的讲解。没有讲解与示范的写字课是不会有效果的。但讲什么，如何讲，是摆在所有教师面前的一个问题。一手硬笔好字课堂要讲一个系列，懂一个规律，练一种笔画，写一个例字。

具体来说，就是要把一手硬笔好字教材分成若干个系列，授课的时候，按照进度，讲一个系列。例如，这次研修，选取的是"左收右放"这个系列。在讲解的时候，要让学生弄懂一个规律。本次课堂教学，重点让学生明白了什么是"左收右放"。"左收右放"的规律是左边笔画收紧靠拢，右边笔画疏朗开阔。那么，如何写好"左收右放"的字？这就要把右边的某个主笔画凸显出来，写好这个主笔画。重点指导学生写好"地"这个例字中的竖弯钩。先练习竖弯钩，再练好"地"这个字。经过这样的练习，学生对写好"左收右放"的字就有了一定的认识。

因为十四分钟时间很短，所以，在授课的时候，内容上不能求多求全，要集中火力打"歼灭战"，否则，食而不化，欲速不达，一事无成。

二、方法上由点到面

首先，练写例字的时候要由易到难，先描后写。先练习笔画，再写字。

其次，指导时候要有的放矢，示范讲评结合。教师的示范是必需的，效果也是立竿见影的。教师示范的时候，最好边示范，边讲解笔画要领。指导的时候，尽量在最早的时间发现问题；然后把有问题的字通过投影，引领学生明白问题所在。是笔画问题，还是结构松散、不符合比例等。教师示范、纠正后，学生再继续练写。这样，通过有针对性的讲解与示范，学生就真正明白了。

最后，认知上应该由点到面，先一个字后多个结构相同的字。可以先通过一个例字来让学生观察其特点，总结出规律，然后出示多个结构相同的字，深化学生对这一规律的认识。这样做，焦点集中，符合儿童认知特点；反之，从多个结构相同的字中寻找规律，效果就不够明显，学生印象也不够深刻。

三、语言千锤百炼

向时间要效率，教师教学语言必须千锤百炼，无论是授课还是指导抑或是评价，都要力避无效语言。一手硬笔好字课堂中，教师的语言要生动形象。例如，王小琳老师把竖弯钩与鹅的形状联系起来，就非常形象。语言要能够做到深入浅出，把复杂专业的书法用语转化为学生能够听懂、喜闻乐见的形式。这需要每一位教师长久地进行修炼。

十四分钟的一手硬笔好字课堂教学，如白驹过隙，只要课前做好充分准备，课堂上避免随意和无为，我们就能够有所收获的。

研修心得：研修心路历程

东莞松山湖中心小学　刘贤虎

自从报名参加一手硬笔好字磨课开始，我的心就开始忐忑不安，原因有二：一是我写字水平一般，二是教学一手硬笔好字课的能力也一般。平时上一手硬笔好字课时，给自己找了一个借口——水平不高，不如不教。所以只会提醒孩子们注意坐姿、握笔姿势，几乎没有教写字，都是做"维持会长"，让孩子按进度自己练习。所以，就这样躲在教室很多年。这一次研修，就要把"家底"全部亮出来。心理压力不小。

年近不惑的我又选择了出发，"只不过是从头再来"。通过一手硬笔好字磨课才知道，这里面还真是学问很深，同时，也初步了解到一些基本方法。

一、先书空，再动笔

让孩子知道先写哪一笔，再写哪一笔，之后再动笔写，这是写好字的基础。

二、描一个，写两个

一节一手硬笔好字课只有十四分钟，时间短，效率要求高。针对学生写字时出现的问题，要早发现，早解决。

三、写完就评，评完再写

及时反馈，学生就能在最短的时间内确定正确的印象。评字是写字指导的延续和提高，是整个写字教学中非常重要的一步。在指导写字的过程中，我选取了几本习字本拿到展台上展示，请学生从"美，美在哪里；不好，不好在哪里"这两方面进行评价。学生再一次对田字格里的字进行观察，对字从整体结构到部件、笔画，有了进一步的认识。在评的过程中也强化了学生的参与意识，提高了学生写好字的自学性。评完以后，让学生把字再写一写，让学生在写的过程中，一个字一个字、一笔一画地再发现，再改进，这样学生写出来的字就漂亮多了，也提高了学生观察分析能力和欣赏美的能力。

四、先练笔画，再练生字

先练笔画，再练生字，就是一手硬笔的字课堂练习不能单练笔画，要结合例字去落实笔画，这样才是有源之水，有本之木。

五、伤其十指不如断其一指

伤其十指不如断其一指比喻一手硬笔好字课教学是通过一种笔画的深入教学，可以突出重点，迁移类比，掌握一类笔画的特点。话糙理不糙。

六、教学课件里的笔画、生字不能是印刷体

一手硬笔好字课堂学生练习的笔画，字不能是印刷体，一定要是学校一手硬笔好字教材上张胜华老师写的笔画、生字。这样保持一致，学生才能更好地学习。

七、知道了一些写字教学的规范用语

一手硬笔教学要了解一些写字教学规范用语，比如教学横折笔画时，书空的教学指令应该是：顿—拉—顿—直拉，或者是顿—横—顿—竖。这样的教学指令通俗易懂，形象生动。学生容易理解，容易接受。

研修心得：外行人也能做好内行事

东莞松山湖中心小学　于洪民

俗话说，隔行如隔山，如果让我上一节音乐课，可以信手拈来；但让我上一节写字课，心中却毫无底气。为了不让自己的课出现不专业的问题，备课的时候，我时常请教办公室的韦慧、孙璐、灿辉、彩虹等语文老师。遇到更为专业的写字问题则请教邱卫春老师，他们耐心的指导和鼓励给了我不少勇气，让我在大家面前能从容地上完一节写字课。课后，张胜华老师精到的点评、刘校长的高瞻指导及一手硬笔好字工作组钟晓华老师的有效建议，让我对十四分钟的写字课有了更为清晰的认识，也对上写字课更有信心。原来，外行人也能做好内行事。

从参加一手硬笔好字研修的经历中，我总结了几点做法，在此分享给大家。

一、多问，教得正确

三人行必有我师，对非专业老师来说，上写字课，除了揣摩教材外，还要多向语文老师请教每一个笔画的名称、笔顺等专业问题，明确教学内容和目标，以便提高效率，教给学生正确的书写方法。

二、多看，抓住重点

把一个字写好最重要的两点就是"笔画"和"结构"。记得两年前我做了一个笔画和结构的写字课PPT，投影到黑板上正好是一个有田字格的教学模版，适合每节课的教学。后来被好几个班级拷贝使用。用了大半年后，在与邱老师的一次偶遇中他才知道那是我做的。其实我是为了省事偷懒才发明了那个PPT的。对于非专业老师来说，字写得不好不要紧，不写也不要紧，但要给学生呈现例字，并且能分析书写过程中笔画和结构的要点。因此，上写字课投影和教材是必不可少的。

三、多想，灵活教学

写字和学乐器有个共同的地方，就是在不断纠正错误的过程中趋向完美。所以"对比法"可以作为常用的写字教学方法。将学生写字常犯的错误与正确的书写进行对比，会起到事半功倍的效果。

四、多学，善于总结

一手硬笔好字课堂教学教师要多学，善于总结。例如，写字的"描一写二""慢快慢""重轻重""精讲多练"等教学经验，就需要在教学中不断地去学习总结。经验是走向成熟的标志。

研修心得：做好一盘"土豆丝"

东莞松山湖中心小学   王小琳

别怀疑自己的耳朵，对，说的就是土豆丝。相信很多人很喜欢这道最家常的菜，因为它简单易做，味美又营养。可是我每次做这道菜的时候，总觉得味道比不上酒店里做的。酒店大厨炒的土豆丝，口感脆爽，味道酸辣适中、颜色鲜艳。再看看自己做的，黏成一坨，软塌塌。我不服气，不断尝试、不断改进，在一次次的失败后总算有了一点点进步，但还是和大酒店大厨炒的相差甚远。老公一边心疼土豆一边说："你为什么不去问问酒店里的大厨，他有什么诀窍？"当然，大厨是不会告诉我的。这次参加一手硬笔好字研修就让我联想到了这盘"土豆丝"。

写字——对于我们每一个人来说是一件多么简单的事情啊，就像那盘土豆丝。可是想把字写得好，写得漂亮，就不容易了，要想教学生写一手漂亮的字就更不容易了。一手硬笔好字课堂就是一直在摸索中前进的，就像那一盘盘失败的土豆丝一样，虽然也可以吃进肚子，但总觉得不尽如人意。不过幸运的是，这次我遇到了一个愿意传授秘方的"大厨"——那就是张胜华老师。

参加这次一手硬笔好字的研修，最大的收获就是明确了一手硬笔好字课堂上教授写字的方法和步骤。想要在十四分钟的课堂上讲出效率、讲出效果，还要留时间给学生练习，就需要很明确的步骤和精练的语言。这次张老师就给了我很多这样的启发。例如，笔画联想法，能让低年段的学生对笔画有个形象的认知，快速地记住笔画特点，生动有趣抓住孩子的心；怎样化繁为简，用"顿、拉、转、拖、翘"这样简单的词语，把原本很深奥的运笔方式轻松地表达出来，自然也方便学生的理解接受。还有，相信大家都会记得张老师的那句话：描一个，写三个。听起来多简单的一句话啊，可我恰恰忽略了这个问题。孩子们多半是先把描红描完，再去写字。乍一看，好像没什么区别。但是对比之后会发现，用"描一个，写三个"的方法学生们写出的字和范字的相似程度很高。因为，在描红的过程中，孩子们会对笔画的位置和形态有个基本的印象，这时候马上再去写一个，误差就不会很大。"精练一个，强过乱练一百"，虽然在平时的教学中，我也和学生强调写字的速度和节奏，但是还有很多的学生一拿起笔，就恨不得一口气写完所有的内容。在今后的教学中，我会遵循这一原则，不贪多，只求好。

如果没有这次研修的经历，我可能还要摸索很长时间，可能会走很多的弯路，会浪费很多的时间和精力。有了张老师的引导，一手硬笔好字课堂会越来越规范，学生的字会越写越漂亮。把平凡的事做好就是不平凡，我会用学到的诀窍把这盘平凡无华的"土豆丝"炒得有滋有味。

四十分钟长课教学设计：左右结构的规律

东莞松山湖中心小学　邱卫春

一、教学目标

（1）使学生掌握三种结构规律，遇到左右结构的字能分辨是哪种结构规律，并掌握书写要领。

（2）学会工整、规范地书写"地、般、歼"三个左右结构的字和自己的名字。

（3）激发学生的写字兴趣，培养学生的写字能力。

二、教学重难点

（1）重点：写好左窄右宽的字。

（2）难点：指导学生观察，并能领悟其特点和规律。

三、教学准备

多媒体课件，实物投影。

四、教学过程

1. 作品欣赏，揭示课题

同学们，每天的"一手硬笔好字"课堂上都要练十四分钟的楷书，你们想不想看看古代人练的楷书什么样儿？介绍四种楷书欧体、颜体、柳体、赵体。

赵体：风格俊秀婉丽。

颜体：风格宽博宏伟。

柳体：风格瘦硬坚挺，很见骨力。

欧体：风格雍容险劲。

这四种楷书，我最喜欢的是欧体，尤其对这个"泉"字，印象特别深。（放大"泉"字，引出对旧知识的回顾）

"泉"字示例

"泉"字是什么结构？它有哪种结构规律？

（知识回顾）

（上周学习了上下结构字的结构规律。上下结构有四种结构规律，分别是上收下展、上展下收、上正下斜、上斜下正）

（随着学生的回答，教师打出相应的手势并用课件列出四种结构规律，出示各范字）

出示：地、歼、般。

问：这些是什么结构的字？它们有什么结构规律呢？我们一起来探究吧。（提示坐姿）

2. 研讨、讲解新课

（1）观察连线，考你眼力。

左右结构的字的结构规律共有三种，请你仔细观察范字，用线将范字与相关的规律连起来。

左收右放　　　　左斜右正　　　　对等平分

般　　　　　地　　　　　歼

（2）认识规律，掌握要领。

左收右放。左右结构的字，书写时左边收紧一些，右边写得开放一些，在田字格中的占位大多是左窄右宽。（让学生读）

出示范字："般"。

"般"字示例

书写要领：左右两部分在田字格中所占的位置相等，"舟"字旁中间的横不出头。（教师先指着范字讲解，再示范）

学生在字帖上描红两个、写两个"般"字。（让一个学生上投影台书写）

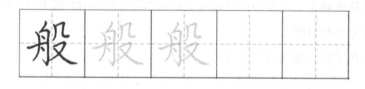

对等平分。左右结构的字，高低对等，宽窄相当，平分秋色。

出示范字："歼"。谁来说说写这个字要注意些什么？

"歼"字示例

书写要领：左边的"歹"字写斜一些，右边的竖画要写正。（先让学生

示范书写，教师再示范书写）

学生在字贴上描红两个、写两个"歼"字。（换一个学生到投影台书写，教师巡视指导并点评）

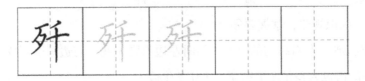

左斜右正。左右结构的字，左边斜一点，右边写正，形成呼应。

出示范字："地"。

"地"字示例

讨论：怎么写好"地"字？

提示书写要领：左边的提土旁要写紧一些，右边的竖弯钩要写得开放一些，注意穿插避让。（教师在投影仪上示范书写，然后让学生用手指做书空练习。注意笔画的角度）

学生在字贴上描红两个、写两个"地"字。

在技法应用的"粉、故、破、河"四个字中，右边的哪个笔画要写得开放一些？学生回答后师投影出示。

拓展：怎样才能写好这种结构规律的字呢？人们总结出如下口诀：

> 体形窄，左边站，
>
> 横要短，捺要收。
>
> 右边宽，要舒展，
>
> 笔画穿插不分家，
>
> 左右谦让才美观。
>
> 左右结构两边站，
>
> 收放自如才好看。

左右结构的字中，凡以下偏旁部首的字要左收右放：

> 两点三点言提手，
>
> 工字提土日山口。
>
> 弓马王、竖心旁，
>
> 贝石目、左耳上，
>
> 这些偏旁左边站，
>
> 只有写小才好看。

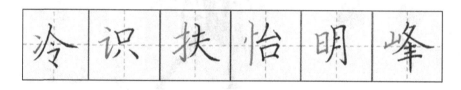

3. 技能巩固与运用

给下面的字选择正确的结构形式。

待　香　朗　影

分析名字：出示几个学生的姓名（有上下结构和左右结构的，也有全部是左右结构的），让学生讨论分析。

写好名片：字是人的第二个外表。我们经常说的一句话是：字如其人，字正人正。今天老师精心为你们制作了名片，把你的相片也贴上去了，你有信心把名字写好吗？试试看！

名片示例

发挥想象：汉字造型之美与舞蹈之美有异曲同工之妙，在领略舞蹈之美的同时能发现汉字之美！请欣赏几张舞蹈图片，看看通过这几种造型，你能联想到今天所学到的知识吗？

| 对等平分 | 左斜右正 | 左收右放 |

十四分钟短课教学设计：短横与长横

东莞松山湖中心小学　邵洪波

一、课题导入

（1）同学们，你们会写字吗？

（2）不仅要"会写字"，还要"写好字"。中国的汉字已经有3400多年的历史了，它是先民伟大创造和发明。中国有句古话"字如其人、字正人正"。那么怎样才能把字写好呢？要把字写好，就要先写好基本笔画，笔画是汉字的最小构成单位。这节课我们一起来学习基本笔画中的"长横与短横"。

（3）板书课题"长横与短横"。

二、讲授新课

（1）观察：写字要"横平竖直"，横真是平的吗？

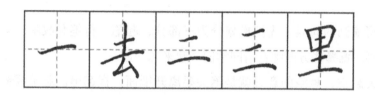

（不是，有点斜，左边低一点，右边高一点）

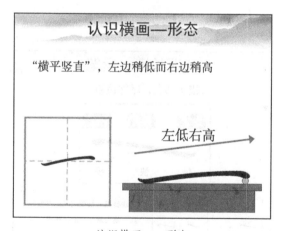

认识横画——形态

左低右高，如果写得太平了，就显得呆板不生动。就好比在横画下放个小小的乒乓球垫着一样，斜一点点就好了。

（2）观察字帖中的长横形状像什么？

棍子、一把刀、高尔夫球棍、勺子等等。

书本上说长横像扁担。这个扁担的形状是头部尖，尾巴粗。

认识长横——形态

书写横画的时候，先把横划分为三部分，起笔、行笔和收笔。到底书写的时候要注意哪些方面呢？请同学们一起来念一遍。

笔尖悬空，悬空的意思就是笔尖要离开纸面，提起笔。起笔要慢，用笔稍重，然后较快速度行笔，收笔稍顿一下笔。书写的时候它还有节奏的变化呢，是慢—快—慢，力度是重—轻—重。（教师举起右手在PPT做书空示范并讲解书写要点）

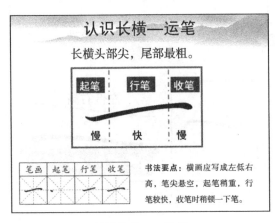

认识长横——运笔

（3）教师示范。现在我来写一个横画。（再次强调书写要点）

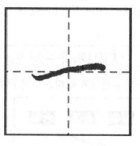

教师示范

师：（投影示范）起笔时，笔尖悬空，笔尖向右下方起笔，稍做停顿然后较快速度行笔（如果行笔速度慢了，就容易写弯曲，显得不够精神、不够挺拔），收笔右下稍顿。节奏是慢—快—慢。

（PPT展示）书写的时候一定要注意长横的长度。大家现在和我一起来书空三遍，然后把坐姿和握笔姿势调整好再开始在米字格上练习书写长横。临摹一行，练习两行。

教师让书写优秀的学生上台演示。发现学生中几种错误写法，教师归纳、纠错，如顿笔过重，横太僵硬等。投影展示评讲。

（4）认识短横。

师：长横有一个弟弟，它就是短横，弟弟和哥哥长横之间有很多相似之处。观察字帖中的短横，形态有什么特点？

认识横画——形态

生：短横头部较尖，尾部稍粗。

师：是的，书写短横的时候同样分为三部分，起笔、行笔和收笔。到底

书写的时候要注意哪些方面呢？请同学们一起来念一遍。

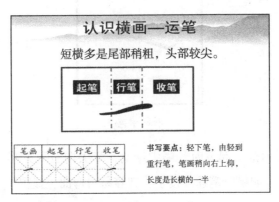

认识横画——运笔

师：（投影书空示范）笔尖悬空轻下笔，力度从轻到重。写到长横的一半时停笔。

（投影仪示范，再次强调书写要点）学生书空三遍后，让学生在米字格上练习。临摹一行，练习两行。教师巡视辅导，让书写优秀的学生上台演示，并强调坐姿和握笔。（发现学生中几种错误写法，师投影展示，归纳、纠错）

（5）横画的应用。

展示范字，师边演示，边讲解"二、三"的写法。

生练：在田字本上书写"二、三"，各描红11个，摹写6个。

作品点评：投影展示典型佳作与有缺点范例，先由学生点评，师再做小结。

（6）书法家的故事。

要把字写好，掌握了正确的方法还不够，还应该做到哪些要求呢？接下来我要介绍一位伟大的书法家给大家认识，他就是有书圣之称的王羲之。

晋代大书法家王羲之练字学书的精神是惊人的。他不仅天天写，而且在吃饭、睡觉、走路甚至与朋友交谈时，也总是不停地用手指空画着练字。有一次，他专心致志地在书房里练字，竟忘了吃饭。他的妻子让书童送来了他平时最爱吃的蒜泥和馍馍，书童几次催他快吃，可他连头也不抬，只顾自己埋头写字。书童急了，只好去请他的妻子来。当他的妻子走进书房时，只见他正一只手拿着笔，一只手把蘸满墨水的馍馍往口里塞，沾得两唇都是黑黑的。原来，他在吃馍馍的时候，出神地看着字的间架结构，脑子里琢磨着怎样把字写好的问题，右手的笔依然拿着，随时想到随时写，就这样错把墨汁当成蒜泥蘸了也不知道，嚼起来还津津有味。

这就是《王羲之吃墨》的故事。

（7）教师小结。

我们从这个故事里面得出了一个结论：要把字写得漂亮，要勤学苦练，再结合正确的运笔的方法，就能事半功倍。爱因斯坦说过："要在正确的方法下用功。"

长横与短横的形态与用笔法回顾复习。

表扬书写中表现出色（写法掌握得好及学得用心）的同学，并发小奖品，激励其他学生上进。

课后拓展练习："一、去、二、三、里"。

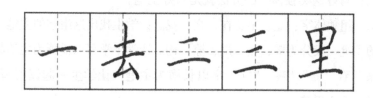

十四分钟短课教学设计：写好主笔

东莞松山湖中心小学　钟晓华

一、教学目标

（1）掌握独体字的书写规则：主笔突出，重心平稳。
（2）理解主笔的含义作用。

二、教学重点

掌握独体字的书写规则：主笔突出，重心平稳。

三、教学过程

（1）导入

出示一些运动员走平衡木、走钢丝的图片，让学生知道重心平稳的重要性，从而引出写字也应把握好重心。在汉字结构中写好独体字如何把握重心呢？（提出重心平稳的概念）

（2）授新

出示一组独体字：隶书"安"字和"中"字。这一组字中，决定重心的都有关键的一笔。

提出"主笔"概念。学生讨论回答，教师讲解。

在一些字的结构中有一个或几个较为突出、关键的笔画决定字的重心或字的倾向，这种笔画叫作主笔。

归纳：写好这类独体字的方法就是写好主笔。

出示一组独体字：立、半、在、之、我。让学生找出这组字的主笔。

字的主笔一般分为横、竖、撇、捺、钩。让学生学写以横画为主笔的字。

先来看看"立"字。"立"字以长横为主笔。让学生一起读书写规则：长横要平，重心平稳。

观察"立"字，清楚书写要领（书写要领：以中线来看，整个字是对半平分的），师先讲解再示范。

描两个，写两个。（让一个学生上投影台写）

点评：长横要长，要平，左右平分。

学写以竖画为主笔的字。（略）

出示"半"字和一张跳芭蕾舞的照片。（让学生明白竖要写正）

了解书写规则。（指名生示范写）

学生描红两个，写两个。（教师巡视并点评）

学习以撇捺为主笔的字。

师：撇捺要写好，就要写得舒展些。就像在天空中翱翔的雄鹰那对有力的翅膀一样。（出示图片。让学生感受撇捺的舒展性）

出示撇捺书写规则。

讲解"在"字。"在"字的一撇如柳枝般轻盈。（一起书空"在"字）

讲解"之"字。（讲解"之"字的那一捺，在黑板上呈现"平捺"的形态，让学生明白平捺的写法。）

学生在田字本上把两个字各写四个。

教师点评。

在书上描两个，写两个。

学写以钩画为主笔的字。

师：钩画中有竖钩、戈钩、竖弯钩、横折钩。无论写那种笔画，都要平稳。

一起来观察"我"字，注意戈钩的书写，先书空。看老师范写。

学生写五个，师点评。

（3）总结书写口诀：

> 主笔具有突出性，辨认主笔不费心。
>
> 横竖平稳骨架正，撇捺伸展字平衡。
>
> 最难主笔当属钩，一笔出彩见水平。
>
> 突出主笔君莫忘，主次分明显精神。

【板书设计】

写好主笔

立　半　在　之　我　　　（主笔突出，重心平稳）

十四分钟短课教学设计：两连撇，三连撇（行楷）

东莞松山湖中心小学　王范艳

一、导入新课

从楷书的两撇和三撇过渡到两连撇三连撇。出示楷书、行楷图。

楷书、行楷展示图

二、观察分析

（1）引导学生对照楷书分析两连撇的特点。

学生分析，师归纳。

第一撇收敛，第二撇放纵，牵丝部分轻细。总结成口诀：首撇收敛回峰，二撇放纵轻盈；牵丝果断轻细，切忌圆转沉重。

教师范写，生书空。

（2）出示三连撇。像什么？（出示飘带图）

观察分析：呈游动状，第一笔更收敛。第三撇出峰果断，更潇洒、更飘逸。（师示范，生跟着书空）

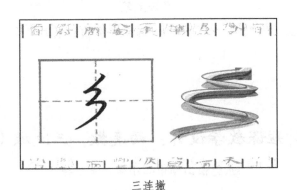

三连撇

（3）看到学生跃跃欲试了，请学生练习，师巡视做个别指导、点评。

过渡：这两个笔画怎样才能更好地应用到一个字里呢？

三、比较与楷书的不同

行书："很、彩"

（1）"很"：两连撇更连贯，一个笔画替代（点代捺）。师示范。

（2）"彩"：三个关键部分用红色标出，突出笔画变化。因为三连撇在右侧更飘逸。

（3）学生写，教师巡视，做个别指导、点评。

幸福理念，旨在让幼儿享受幸福的教育、让教师感受教育的幸福、让家长参与幸福的体验！幼儿、教师、家长"三位一体"协同发展，才能让家园共荣共生。

第五章

幸福教育之旅

小活动蕴含大智慧

——幼儿园"幸福集赞"活动的内涵化研究

东莞市松山湖中心幼儿园   陈果

"快帮我集赞，有礼相送……"纵观当今社会，集赞活动已经成为一种时尚。我园与时俱进，把集赞活动引入幼儿园，将其进行灵活的转换，变物质奖励为精神奖励，将幼儿园幸福教育理念——"让孩子享受幸福的教育、让教师感受教育的幸福、让家长参与幸福的体验"贯穿于活动之中，并关注活动的内涵发展，成效明显。

在内涵化研究上，我们从实施主体入手，真正让"幸福集赞"活动落地生根。

一、"幸福集赞"活动的丰富性——让孩子享受幸福的教育

英国著名教育家洛克说过："儿童学习任何事情的最合适的时机是当他们兴致高、心里想做的时候。"幼儿年龄还小，他们对活动形式的兴趣感最为强烈。"幸福集赞"活动从前期开展到后期奖励都充分把握了幼儿的年龄特点，抓住了幼儿的兴奋点，让幼儿兴致盎然，享受到幸福教育的乐趣！

（一）集赞方式的多样，体现主体性

此次活动专门印制了"幸福集赞册"，并按班级分配，每位幼儿1册（每册12页，每页12个集赞框）。参与活动范围主要分幼儿活动、家长活动两类，不仅关注幼儿的成长，更让家长为幼儿成长助力。

幼儿活动主要包括晨练出勤参与率、园服着装规范性、参与绘本馆阅读、参加比赛排练等。家长活动主要包括参加家长会、参与排练、参与亲子活动、担任家长助教、担任家长义工、为幼儿提供各种资源等。

我们规定，坚持一周准时参加幼儿园晨练活动（7：45分前）的幼儿，获得贴纸一枚，由主班老师跟进发放；坚持按照园服着装标准着装，每月获贴纸一枚，由保育员老师跟进发放；每月参与绘本馆阅读活动四次以上的幼儿可获贴纸一枚，由教研组长登记发放。家长担任家长助教获取相应贴纸一枚，由配班老师跟进发放；积极参与班级、幼儿园排练活动，由班级老师（舞蹈老师）登记发放……各班教师再指导幼儿（家长）统一将贴纸收集到属于自己的"幸福集赞册"中。每种集赞贴纸有专人负责发放，参与面广，关注度高，既体现了全员育人的宗旨，也避免了班级教师单独掌控，"滥发"贴纸的弊端。

（二）集赞卡纸的多样，体现儿童性

叮当猫的原型是哆啦A梦，这个家喻户晓的卡通人物深受幼儿喜欢，它会施各种的法术，虽然有时会调皮捣蛋，但仍带给亲友许多欢乐。叮当猫卡纸符合幼儿年龄特点，吸引幼儿眼球，主要奖励的是积极参与幼儿活动的小朋友。

小猪佩奇（Peppa Pig）又名粉红猪小妹，是由英国阿斯特利、贝克、戴维斯创作、导演和制作的一部英国学前电视动画片，也是历年来具潜力的学前儿童品牌。选择小猪佩奇作为我们参与亲子活动的集赞卡纸，能充分激发幼儿及家长参与活动的动力。

（三）集赞兑换的多样，体现激励性

以一个月一个周期进行兑换（幼儿可选择不兑换累积更多）。

每月每班选取一名集赞数量最多的孩子获评"幸福宝贝"，幼儿相片在园内橱窗展示。

兑换标准：20枚贴纸为一个标准，可以自由选择自己喜欢的角色。可供选择的职业有园长小助理、幸福小厨师、保健小医生、小小维修员、幸福小广播、安全督察员、幸福剧场观影员。

"幸福集赞"活动的奖励方式不是一本本子、一支笔，而是让孩子体验一次做园长小助理的自豪、感受一次当小小治安员的辛劳、经历一次幸福剧场观影的快乐……充分赋予了"幸福集赞"活动丰富而有价值的内涵。

二、"幸福集赞"活动的实效性——让教师感受教育的幸福

（一）促进幼儿良好习惯的养成

叶圣陶先生说："教育就是培养习惯。"当一个人养成了好习惯，其行

为就会具有自觉性，并内化成一种根深蒂固的高尚品格，这种品格会贯穿于人的一生。

要让幼儿保持有规律的生活，养成良好的作息习惯。例如，早睡早起、每天午睡、按时进餐、吃好早餐等。幼儿阶段是儿童身体发育和机能发展极为迅速的时期，也是形成安全感和乐观态度的重要阶段。发育良好的身体、愉快的情绪、强健的体质、协调的动作、良好的生活习惯和基本生活能力是幼儿身心健康的重要标志，也是其他领域学习与发展的基础。

积极参加晨练活动，对调节幼儿一日情绪，发展幼儿基本动作的协调，培养幼儿吃苦耐劳的精神有着至关重要的作用。

除此之外，为了避免幼儿产生攀比心理，建立幼儿的规则意识、规范意识、审美意识，我园对幼儿的园服着装进行了统一标准：周一到周四统一穿着园服（礼服配白袜、黑皮鞋；运动服配白袜、运动鞋），周五自由着装。规范统一的着装，有利于树立幼儿荣誉感和集体观。

幼儿健康人格的塑造与阅读密不可分，良好的阅读习惯可以有效促进幼儿表达能力、想象力、注意力的发展。重视阅读习惯的培养，应该从学前幼儿抓起。

"幸福集赞"活动有针对性地对幼儿参与晨练、规范园服着装、自主阅读进行奖励，既培养幼儿良好习惯，又规范了班级管理。

（二）促进幼儿社交能力的发展

人际交往和社会适应是幼儿社会学习的主要内容，也是其社会性发展的基本途径。幼儿在与成人和同伴交往的过程中，不仅学习如何与人友好相处，也在学习如何看待自己、对待他人，不断发展适应社会生活的能力。

陈鹤琴先生曾经说过："孩子的知识是从经验中获得的，而孩子的生活本身就是游戏，角色扮演的游戏绝非简单儿戏，它可是孩子认识成人世界的一面镜子"。每月集赞兑换的幼儿，戴上印有"园长小助理""幸福小园丁"的胸牌，穿上崭新的小制服，在园长的带领下走进班级，与老师、幼儿主动问好，懂得文明礼仪的重要性。到各班听课，观看区角活动，了解教学活动的多样性。在厨师叔叔的指导下，学习制作小点心，体会"自己动手，丰衣足食"的乐趣，懂得参与的快乐。配合保健医生晨检，发放晨检牌给小伙伴，了解健康体魄、加强锻炼的重要性。协助保洁阿姨浇花，了解植物特点，清除杂草，感受劳动的艰辛……良好的社会性发展对幼儿身心健康和其他方面的发展都具有重要影响，让教师感受到教育的幸福所在！

三、"幸福集赞"活动的渗透性——让家长参与幸福的体验

家长是幼儿园教师的重要合作伙伴。应本着尊重、平等的原则，吸引家长主动参与幼儿园的教育工作。我园家长多为高校教师，学历高，重视教育，对子女的关注度高。针对这一特点，我园家园共育工作充分意识到价值所在，深挖其教育的内涵。

不同专业类型的家长有着不同的特点，让家长深入班级，担任家长助教，为孩子们教授不同领域的知识，可以让家长展示自我、让孩子拓展知识面、让教师"轻松自如"。亲子（绘制水井盖）活动，从选择图案、确定地点、再到亲子共绘……父子（女）、母子（女）其乐融融；晨会节目，既是展示班级风采的舞台，也是彰显家园合作的缩影；父亲节，家长们朗诵的一首小诗；环保日，家长们并肩表演的时装秀……"幸福集赞"活动"赞"的不仅是幼儿，更有与幼儿密切相关的家长，集赞活动也成为检验家长参与活动的试金石，成为家园共育的一道彩虹桥！

幼儿园应为幼儿提供健康、丰富的生活和活动环境，满足他们多方面发展的需要，使他们度过快乐而有意义的童年。我园秉承"让幼儿享受幸福的教育，让教师感受教育的幸福，让家长参与幸福的体验"的办园理念，力求不让办园理念仅仅写在纸上、挂在墙上。我们充分运用团队的智慧，让更多诸如此类的"幸福集赞"活动彰显其内涵，绽放其光彩！

【参考文献】

［1］李季湄，冯晓霞.3～6岁儿童学习与发展指南解读［M］.北京：人民教育出版社，2013.

［2］中华人民共和国教育部.幼儿园教育指导纲要（试行）［M］.北京：北京师范大学出版社，1999.

（此文曾获东莞市学前教育论文评比三等奖）

东莞幼教人　北京逐梦行

东莞市松山湖中心幼儿园　陈　果

2016年11月21日，初雪后的北京，东莞市幼儿园第四期园长提高班96位园长学员满载着幼教人的梦想与期待，抵达首都北京。在东莞市教育局学前教育科及东莞市教师进修学校的组织策划下，由国家教育行政学院承办了这次高规格、接地气的培训。我作为幼教行业的一位新人，此行除了期待就是期待，期待能收获专家们理论层面的知识；期待能见证一线园长们实践层面的经验……带着满满的期待，我走进了课堂、步入了幼儿园，开始了学习与反思……

一、顶层设计是幼儿园定位之本

十天的培训，不论在是专家的字里行间还是在幼儿园实地考察，我都能感受到顶层设计的成功与否将决定幼儿园的优劣。

北京市北海幼儿园始建于1949年，地处北京九坛之一的先蚕坛，占地25346平方米，是一所大气高贵的皇家园林式幼儿园。"倾心于孩子的今天，着眼于孩子的明天"是该园的办园宗旨，构建主体性教育体系是该园的目标。其办园宗旨既关注了孩子的当下，更注重孩子的未来，为幼儿的终身发展奠基。

北京师范大学石景山附属幼儿园，开办仅两年多，硬件设施高大上，教师队伍年轻化。是什么引领该园在两年多的时间便在业内颇为知名？一组灯箱吸引了我的眼球，该园的办园目标是"创办人文与自然相映，魅力与活力并生的书香乐园"。该园的办园宗旨与同为新园的我们颇为相似，都关注了师、生、家长三位一体的幸福度。该园办园宗旨是：让幼儿健康成长、让教师快乐发展、让家长放心满意。而更为吸引我的是"书香乐园"文化核心价值观定位为：书润生命、阅盈成长。在当今这个浮华的社会，将园所定位为书香乐园，难能可贵。最令我佩服的是，园长对"书"的解读更为精妙，书分为"有字之书"和"无字之书"。有字之书指的是孩子们日常阅读的绘本等，无字之书泛指社会、大自然……

三教寺幼儿园王岚园长在园本课程的体系构建和实施方面有独到的见解，她认为好的幼儿园园本课程一切应指向幼儿的发展，优质的幼儿教育就是通过形式多样、生动活泼且能调动幼儿多种感官的活动来实现的。

好的理念就是一股正能量，它将引领幼儿园全体师生、家长走向幸福的远方！

二、团队建设是幼儿园发展之根

北京市西城区广安门幼儿园韩平花园长在专题讲座"幼儿园教研训一体的机制的构建和实施策略"中提到，幼儿园应结合本园实际，制订适合本园特点的园本教研训计划，以达成"以训促研，以研代训、研训结合"的目标和模式。

芳庄二幼的徐环园长是此行考察幼儿园中见到的最有个人魅力的园长，短短几个小时的接触，她就与我们混了个"自来熟"，我们亲切地称她为"徐妈"。从徐妈身上我们不难想象团队的精神，这一定是一个热情洋溢、活力四射的团队。果不其然，徐妈通过几个动画游戏就把我们引入了一个神奇的气场之中，学员们或跳或诵，参观的地点成了欢乐的海洋！徐园长用这些生动有趣的形式告诉我们，她们的教研就是如此，孩子们的学习也可以如此，教育的智慧在其乐融融的氛围中迸发。

北京教育学院学前教育分院院长杨秀治的讲座，从一开始就显现出与众不同。她让几个学员上台，随后用跳跃性思维说出事物的关联性。她的讲座围绕"为什么促进教师专业发展？促进教师哪些方面的发展？怎样促进教师的专业发展？"三个方面进行。缜密的思维、有条理的讲述，让我再次感受到幼儿园教师队伍建设的重要性，一支热情、积极、团结的教师队伍对推动幼儿园发展起到至关重要的作用。

三、依法治校是幼儿园立命之宝

第一天的培训，首都师范大学学前教育学院沙莉讲师概述了我国学前教育的政策法规，并对学前教育政策相关问题进行了分析，从新《幼儿园工作规程》的政策环境分析，到新《幼儿园工作规程》的内容特点分析，再到新《幼儿园工作规程》的价值追求阐述，让我们对新《幼儿园工作规程》有了新的认识。沙老师还通过分组讨论，小组合作的方式，让我们就新旧《幼儿园工作规程》做了认真细致的对比，并进行小组讨论，总结发言，在对比中感知变化、在对比中感受内涵。

身为幼教管理者，首先要认真学习学前教育的法律法规文件，知法懂法，用法律来保护自己、保护幼儿、保护教师。依法治校是幼儿园安身立命的前提和保障。

十天的学习在不断的脑力冲击中结束了，我还意犹未尽，不时在领悟专家的精神、在感受先进幼儿园的理念……王建平教授说，身为园长，要用哲学的思维方式思考问题，多观察、挖掘学前教育本质的、规律的东西。我想，一位好的幼教管理者，不能随波逐流，要有自己的方向、自己的目标，要从儿童的视角去思考问题，遵循幼儿教育的规律，真正办一所人民满意的幼儿园。此行收获的不仅是园长间的友情、师生间的真情、更增添了未来幼儿园建设的热情！相信，此行之后，我们会一路收获更美的风光，我们也将成为东莞幼教界最美的风光！

幸福教育理念下的幼儿园课程游戏化的探索与实践研究

东莞市松山湖中心幼儿园　陈 果

一、选题依据

（一）研究背景

1. 党的十九大报告精神号召

习近平总书记代表第十八届中央委员会向党的十九大做报告，在"提高保障和改善民生水平，加强和创新社会治理"部分，首先谈到的就是"优先发展教育事业"。习近平总书记在报告中提到要办好学前教育。而办好学前教育就要有科学的学前教育理念，幼儿园教育以游戏为主要方式符合幼儿的身心发展规律和学习特点，幼儿园课程游戏化作为一种科学的教育方式可以促进幼儿身心全面发展，使其成为一个完整的人。

2. 学前政策法规的理念指引

《幼儿园教育指导纲要》明确指出，在教学活动过程中，要以游戏作为教学的基本活动，确定游戏在幼儿课程教学活动中的重要地位。自从新课改后，市教育局对幼儿园课程也提出了新的理论要求，强调全面贯彻游戏化的教学思想，探索新的教学实践模式，注重游戏的协调融合，充分体现现代化的教学观念，实现游戏与教育的高度结合。

3. 落实教学目标的实际需要

课程游戏化方案的提出，其根本目的在于，通过游戏教育，促进学前教育水平的提升，为幼儿的全面健康发展奠定基础。基于幼儿身心发展的特点，在这个阶段的孩子，生活和学习当中接触的任何人、任何事、说过的任何话，

都会成为他们学习的对象，孩子们通过一次次的接触，逐渐积累经验，最终形成认识。面对孩子如此直接的学习方式，无论是教学还是游戏，都是孩子获取知识的途径。之所以开展课程游戏化，是因为以往的教学中，也有游戏环节，但是却并没有起到相应的教学目的，而将课程游戏化，更加能够帮助实现幼儿在游戏中学习和成长。幼儿园课程游戏化是大势所趋，如何将游戏更好地融入幼儿园课程，进一步发掘游戏的教育价值，是幼儿园教育目前需要攻克的难题。

（二）国内现状分析

1. 课程游戏化构建缺乏方向和目的

课程游戏化对于多数教师来说还只是一个概念，没有真正理解课程游戏化的具体内涵和覆盖的范围。更没有在深层次上把握课程游戏化的本质，也就不可能使游戏真正成为幼儿园实施教育教学的一种基本手段。

2. 课程游戏化构建对游戏定位不准

过去，游戏或作为一日活动中的一种内容独立存在，或作为一种教学形式而存在，仅作用于某些教育环节，没有真正融入幼儿生活；而且，游戏的系统性建构欠缺，不同游戏类型、游戏内容、游戏目标间缺少逻辑关联。现在，在课程游戏化的要求下，应通过课程将"游戏精神"的内涵融入幼儿的一日活动过程，包括生活活动、学习活动，真正聚焦"儿童的学习与发展"。

3. 课程游戏化实施对游戏认识不深

游戏是幼儿生活的主要部分，更是幼儿教育的主要载体。对游戏认识不够深刻，必然导致实践中的错位。教师直接安排，忽略儿童自主选择造成教师中心游戏；教师对材料的数量与游戏内容的思考、准备不足，缺少对孩子创造性、行为能力等素养发展的主动性设计，造成低赋值游戏；教师对材料与孩子素养培育的联结性思考不足，使游戏功能设计单一，造成功能固化游戏；教师在游戏中缺少对孩子行为的关注和教育时机的捕捉，造成游戏中的教育失机。种种情况表明，幼儿园对游戏的定位和教师对游戏的驾驭能力阻碍了课程游戏化的发展。

（三）研究价值和创新之处

1. 课程游戏化有利于促进幼儿个性发展

荷兰文化人类学家赫伊津哈曾有言："人是游戏者，人类文明是在游戏中并作为游戏而产生和发展起来的。"游戏过程即是体验过程，游戏是幼儿体验世界的重要方法，幼儿在日常的玩乐中感知世界。游戏主要具有选择性、趣味性、生成性、创造性、合作性的特点，幼儿园课程游戏化就是突出游戏体验性，让幼儿园课程更加生动具体，利用游戏的多样性和趣味性充分调动幼儿参与活动的积极性和主动性，让幼儿在体验过程中展示自我，发挥想象能力和创造能力，体验与他人协商、合作、冲突，在玩乐过程中促进个性与能力的和谐发展。基于此，我园幸福教育理念下的幼儿发展目标定位为：勇敢做、自信说、大胆想、开心玩、学会爱。

2. 课程游戏化有利于提升教师专业素养

幼儿园课程游戏化将幼儿教学目标、教学内容和教学要求融入游戏中，游戏已成为重要的教学手段。教师在游戏活动中要同时扮演游戏者和引导者的角色，从儿童的视角引发游戏，从成人的视角引导游戏，进而促进幼儿游戏活动的有效开展。这就意味着，教师要掌握具体的游戏活动组织技能，包括设计符合幼儿发展需求和现实情境的游戏的能力、观察幼儿游戏行为与情境的能力、及时对幼儿游戏进行修正和调整的能力，从而保证游戏始终不偏离幼儿发展和教育的目标。我园根据办园特色组建了分享阅读组、创客教学组、户外运动组、整合课程组，每学期进行教师"大练兵"两次，提升教师的专业素质和能力，有效推进幼儿园课程游戏化。

3. 课程游戏化有利于搭建家园共育桥梁

课程游戏化需要发展改进，不断贴近幼儿的内心。基于我园"让孩子享受幸福的教育、让教师感受教育的幸福、让家长参与幸福的体验"的办园理念，我们鼓励家长积极参与幼儿园"忆童年"亲子游戏、观摩教师教研、提供环创资源、参加课程介绍讲座……将家长资源有效融入课程建设，不仅能促进课程游戏化发展，更能让孩子在亲子关爱中快乐成长。

二、研究设计

（一）核心概念界定

1. 幸福教育理念

我园地处美丽的高新科技园区，人文环境、自然环境、物质环境丰裕，在这样的环境下生活、成长的孩子、教师、家长都是幸福的。我们提出幸福教育理念。办园理念——让孩子享受幸福的教育，让教师感受教育的幸福，让

家长参与幸福的体验；办园思想——让教育从生活开始，与幸福同行；办园宗旨——尊重孩子的天性，为孩子的终身幸福奠基；办园目标——办一所有幸福感的本真乐园。

2. 课程游戏化

课程游戏化就是让幼儿园课程更贴近生活、更生动一些、更有趣一点，让活动形式更多样化一点，让幼儿动用多种感官探究、交往和表现的机会更多一些，让幼儿的自主性和创造性更充分一些。

（二）研究对象、研究目标、研究内容、总体框架、重点难点

1. 研究对象

在园幼儿、带班教师、幼儿家长。

2. 研究目标

"幸福教育理念下的幼儿园课程游戏化的探索与实践研究"这个课题以东莞市教育局倡导的"让每一个幼儿受到最适合的教育"为核心理念，以本园办园理念"让孩子享受幸福的教育、让教师感受教育的幸福、让家长参与幸福的体验"为主旨，坚持"公平、均衡、优质、创新、共享"的价值取向，以打造东莞"慧教育"为战略重点，坚持立德树人，全面实施素质教育，"智慧育人，育智慧人"。这个项目主要以推广本园的特色课程来攻克目前幼儿园中课程游戏化缺失的问题，以推动东莞市幼儿园的课程实施朝着游戏化、科学化的方向发展，从而促进幼儿身心全面和谐发展。

3. 研究内容

（1）游戏在幼儿园课程中的重要地位

① 游戏是幼儿园课程最基本的活动形式。《幼儿园工作规程》中指出：幼儿园教育应该以游戏为最基本的活动，寓教育于各项活动之中；应当将游戏作为对幼儿进行全面发展教育的重要指导。

② 游戏是儿童的一项基本的权利。《儿童权利公约》第三十一条规定："缔约国确认儿童有权享有休息和闲暇，从事和儿童年龄相宜的游戏和娱乐活动，以及自由参加文化和艺术活动。"

（2）课程游戏化对幼儿发展的重要作用

①课程游戏化有利于促进幼儿的身心健康发展。

②课程游戏化有利于促进幼儿社会性能力的发展。

③课程游戏化有利于幼儿天性的解放，符合幼儿发展特点。

（3）幼儿园课程游戏化的实施原则

① 正确认识课程游戏化的内涵以及游戏精神。"游戏的乐趣究竟是什么？幼儿何以要愉快地叫嚷？这是一种被抓住、被震撼、被弄得神魂颠倒的心理状态。"幼儿园课程游戏化凸显了体验的特征，游戏化课程就是一个让孩子体验的世界。我园不仅关注幼儿个体，更高度关注教师、家长的幸福感和参与度，有机把幼儿教育的目标、内容、要求融于各种游戏之中，其内涵是让幼儿成为学习的主体和发展的主体。我们倡导的课程游戏化的精神是三方参与，共建自由、自主、和谐、幸福的游戏氛围。

② 充分尊重和保障幼儿在游戏中的主体地位。以我园办园宗旨"尊重孩子的天性，以为孩子的终身幸福奠基"为切入点，通过"忆童年"游戏活动、创客孩子王课程、舞蹈活动、分享阅读、亲子活动、幸福集赞活动等课程及活动，培养开心玩、大胆想、勇敢做、自信说、学会爱的幸福小公民。

③ 促进教师专业化成长是课程游戏化的关键。教师的专业化、内涵化发展是课程游戏化的关键，对幼儿成长起了至关重要的作用。例如，幼儿早操活动的编排采取集体教研方式，各级组团队全员参与，从早操动作的编排到早操的意义、理论层面的支撑，让每个教师参与其中，收获其中。

④ 积极开发和利用家长资源促进课程游戏化。我园所处园区为高新科技园区，家长的文化层次较高，见多识广，为幼儿园开展课程游戏化提供了有力的保障。按月开展家长助教活动、按周开展绘本馆爸妈馆长活动、按学期不定时开展亲子活动，都能有效促进课程游戏化的实效性、多样性。

4. 总体框架

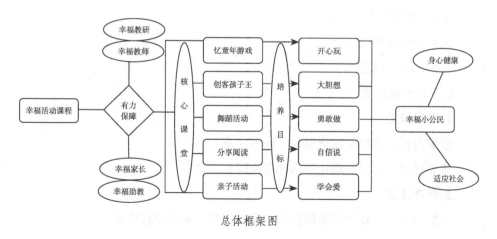

总体框架图

5. 重点难点

（1）提升教师队伍对课程游戏化的认识及理解。

（2）确立课程游戏化构建的方向和目的。

（3）明确课程游戏化的内涵和覆盖的范围。

（三）研究思路与步骤

1. 研究思路

我们认为课程游戏化是对现有课程的提升、改造和完善。让幼儿园课程更加完善，尤其是更加体现游戏精神，是我们研究努力的方向。推进课程游戏化项目的目的，是提升幼儿园课程建设水平和提高教师专业能力。游戏化是一个系统工程，从理念开始，到诊断目前的课程建设水平，然后完善活动，挖掘资源，组织多种形式的活动，确立评价的立场。我们的研究从内容、资源、活动形式等多方面整体考虑，并努力融入科学理念，从本园实际出发真正实现课程游戏化。

2. 进度安排

第一阶段：以文献资料法收集和整理有关于课程游戏化的相关资料，同时收集和整合幼儿园中的资料。

第二阶段：填写课题申报书。

第三阶段：联系理论和实际整理好撰写论文。

第四阶段：推广课程游戏化的模式。

（四）研究方法

（1）观察法。

（2）教育经验总结法。

（3）行动研究法。

（4）文献收集法。

（五）预期成果

1. 阶段成果

成果内容：课程游戏化研讨，读书沙龙。

成果形成：课程游戏化的内涵理论探究论文集。

2. 终期成果

成果内容：游戏化园本课程的构建与实施，园本课程体系。

【参考文献】

［1］丁月玲.幼儿园课程游戏化的推进策略［J］.学前教育研究，2015（12）.

［2］纪秀君.访虞永平教授：课程游戏化只为更贴近儿童心灵［N］.中国教育报，2015-6-28（1）.

宝岛行　两岸情

——2019年东莞市幼儿园园长高级研修班台湾行研修心得

东莞市松山湖中心幼儿园　陈果

光阴似箭！立夏已至。2019年4月21—30日，我有幸参加了由东莞市教师进修学校主办，东莞市青年国际旅行社有限公司、台湾东假旅行社及海峡友谊文化交流中心承办的2019年东莞市幼儿园园长高级研修班培训，有幸到宝岛台湾度过十天。十天期间，台湾的环境、台湾的教师、台湾的人文气息无不感染着我，熏陶着我，在此，我们一行来自全市各地的志同道合的幼教管理者充分沐浴着教育的甘霖，吮吸着知识的乳汁。

如果说初见台湾，感受的仅仅是它的美食、美景；再见台湾，印象更为深刻的则是它的环境、它的文化、它的理念。

一、遇见环境——欲把"台湾"比西子，淡妆浓抹总相宜

步入台北街头，满眼所见均是摩托车，在台湾被称为"机车"，如此多的机车，如果你以为交通秩序会混乱，街道摆放会无序，那你就大错特错了。在街边、在门外，家家户户均会空出机车的停放点，每个车主都会整齐有序地摆放车辆，不会图一时之便随便停靠，影响他人。大街上日夜"轰隆作响"的机车虽然态势吓人，但也严格按照道路行驶，与汽车、行人们相安无事。

机车多是台湾的一大特色，夜市也是一大亮点。晚上，学习完毕，我们三三两两走进夜市，目不暇接的档口、丰富多样的美食、如织的游人构成了一道都市美丽的风景线。夜市中很难找到几个垃圾桶，可是奇怪的是地面却尤为

干净。仔细一看，发现每个档口都接入了自来水，还配有排水系统，如此"未雨绸缪"的举措，确实为夜市的美增色不少。在这样干净的环境下行走，我想，哪怕是卫生习惯不好的游人也不忍把垃圾随手丢在地上。

在台湾，无论在台北、台中，还是在城市、郊区，垃圾分类已经形成常态，玻璃瓶、塑料罐、一般垃圾……分门别类，一一摆放。据了解，台湾从20世纪90年代开始实行"垃圾不落地"政策，小区内不设垃圾桶、垃圾箱、密闭式清洁站等生活垃圾暂存和中转设施，居民必须在家里对垃圾进行粗分类，不分类则会被拒收或被处罚。环境的教育已经深入人心、深入骨髓。环境塑造人。我想：这也是台湾民众普遍素质较高的原因之一吧！

二、遇见大师——莫愁前路无知己，天下谁人不识君

基于东莞市青年国际旅行社的金字招牌，加之海峡友谊文化交流中心的大力支持，很荣幸此次的台湾之行让我们东莞的园长们见识了一批知名的大师——台湾教育大学系统总校长吴清基，他的金句"拥抱小小孩，才有大未来"让我们记忆深刻。在讲座中他多次提到"适性扬才"，也让我对尊重教师、幼儿个性有了进一步认知；台北市立大学教育学院院长丁一顾，他的课堂笑声不断，智慧不停，通过小魔术体现的一个个教育理念浅显而发人深省，三根长短不一的绳子经他的手，竟然可以成为"发现幼儿"的纽带，"尺有所短，寸有所长"理念彰显无遗；辅仁大学师资培育中心张德锐教授，通过林靖娟老师的事迹引入讲座，讲座中深刻阐述了教师专业发展的意义与内涵，台北市政府从1999年开始规划，目前每年约有160所学校自愿申请参与办理"中小学教学导师制度规划研究"，导师制对教师专业发展起了有效地推动作用；台北市立大学幼儿教育学系主任幸曼玲教授，亲自参与台湾教保大纲的编撰，对于教育政策法规的制定及实施如数家珍，从幸教授讲座中得知，台湾的学前教育规章相对齐备，有相关法规数种，"教保资讯网"集合了台湾地区的各项优惠措施、教养咨询、评鉴辅导，不管是幼儿园管理者还是一线教师，随时可以从资讯网获取需要的资料与文件……

这一份份大师奉献的精神大餐，给予我们的不仅是知识，更是智慧和满满的正能量！

三、遇见文化——问渠那得清如许，为有源头活水来

为了让我们对大师们所讲的内容有更深刻地认识，组织方不仅让我们徜徉在台北市立大学的校园中，还带领我们走出大学校园，走进幼儿园。

参访的第一所幼儿园是台北市松山区民族小学附设幼儿园，还没入园，门口的几个颜料造型及造型上的理念"自信、健康、关怀、尊重"就吸引了我们的眼球，再往里走，墙上张贴的"幼教团队"介绍更让我们惊叹不已！14名幼儿专任教师中就有10名硕士生。从校长的介绍中我们得知，在台湾，不仅他们的幼儿园如此，几乎所有公办幼儿园师资均达到了此类水平，这点与我们大陆地区幼儿教师普遍学历较低颇有差别。该幼儿园强调教保以幼儿为学习主体，尊重个别差异；教学方式多元化、生活化与趣味化；重视幼儿生活自理能力，学习照顾自己与尊重他人。因为是附设幼儿园，幼儿在校内与小学的师兄、师姐共享教育资源与环境，大小携手，守望相助，共同关爱！第二站步入的惠文儿童领袖学校和民族小学附设幼儿园的教育方式就有天壤之别。为了培养"领袖"气质，不让孩子输在起跑线上，惠文儿童领袖学校大班的孩子已经开始识字、算个位数乘法、查字典，幼儿的水平令人叹为观止！他们对幼儿生存能力的培养也颇为用心，在小小的方寸之地，孩子们拿着指南针在分辨方向，找寻位置。印象深刻的还有大安幼儿园，这是一所隐藏于高档小区的经由务实的园长精心改造和打造的园所，紧密联系社区，关爱孤老，使这个园所成为台北幼教界的"奇葩"。还有台中市德化小学附设幼儿园、瑞井小学附设幼儿园，他们根据环境设置了与芋头、红薯相关的校本课程体系……因地制宜是这些幼儿园的共通之处，在现有条件下充分开发利用资源，弹丸之地也能绽放校本课程的光彩！

四、遇见伙伴——海内存知己，天涯共此时

十天的时间稍纵即逝，仿佛刚刚相识，又将在此别离。十天，让我们结识了台湾以及东莞的更多前辈、同行，新朋故交，在异地他乡更添亲切，更增友情。我们在思维的碰撞中一次次产生智慧的火花。十天，让我们结识了许多旅行社的朋友，她们的敬业体贴让我们倍感温暖。衣食住行，她们面面俱到，总是想我们所想，备我们所需。高品质的服务让我们在千里外的他乡毫

无距离感。

五场讲座、五次学校参访、两次辅助教育机构参访，可以说不管是在大学校园倾听、在幼儿园内参观，还是在城市乡间奔走，我们都无时无刻不被各种理念所感染、触动。但是我们始终坚信不管是何种理念，它们都殊途同归，指向的都是以幼儿为核心，以幼儿的发展为主要目的。

感谢在最好的年华，我们相聚在美丽的宝岛台湾，缔造着园长的梦想，延续着两岸的情缘，风雨无阻，我们执着前行！

（此文刊载于2019年7月16日《广东教学报》）

办一所有幸福感的本真乐园

——东莞市松山湖中心幼儿园"幸福教育"初探

东莞市松山湖中心幼儿园　陈果

"问渠那得清如许，为有源头活水来。"松山湖中心幼儿园自2016年10月开办以来，以构建"幸福中国小创客"课程为特色，将办园理念"让孩子享受幸福的教育、让教师感受教育的幸福、让家长参与幸福的体验"落到实处，幸福之源如涓涓细流在孩子、教师、家长的心田流淌。

一、顶层的设计——幸福的根基

众所周知，松山湖高新区坐拥8平方千米的淡水湖和14平方千米的生态绿地，是一个生态自然环境保持良好的区域，而松山湖高新区在科学发展和自主创新方面更是取得了引人瞩目的成绩。松山湖高新区始终坚持着"科技共山水一色　新城与产业齐飞"的发展理念。

建园之初，基于松山湖高新园区特点，我园力求在幼儿园办园的顶层设计中彰显生态松湖、科技松湖、幸福松湖的内涵。

办园理念：让孩子享受幸福的教育、让教师感受教育的幸福、让家长参与幸福的体验。

办园思想：让教育从生活开始，与幸福同行。

办园宗旨：尊重孩子的天性，为孩子的终身幸福奠基。

办园目标：办一所有幸福感的本真乐园。

幼儿培养目标：开心玩、大胆想、勇敢做、自信说、学会爱。

二、教师的发展——幸福的保障

教师强则园所强，园所强则幼儿强。松山湖中心幼儿园（以下简称松幼）的教师是幸福的，紧邻幼儿园的幸福花园是老师们诗意的栖居之地，每周的瑜伽训练给了教师们强身健体的保障，每月一次的幸福日生日活动给"寿星"们满满的仪式感……在这里，教师的价值处处彰显，教师得到应有的尊重。正因为如此，教师的发展被自觉地演绎为"我要发展"，而不是"要我发展"。

如何促进教师有效发展？我们强调，教师的培训与教研活动"不求多少，但求实效"，活动开展前、开展时、开展后有一系列的动机与目标，力求将每次活动落到实处，为我所用。例如，课程组"练兵"活动，组长们使出浑身解数，制作个性化的组员招募广告牌。幼儿园为每个教师设计"练兵"手册，每次完成一项课程的"练兵"就评选出"练兵之星"，由园长颁发勋章，让教师在仪式感和荣誉感中不断前行。幼儿早操创编，不仅是一个人的任务，更是全级组教师的大事。早操创编就是一次教研活动，组内成员各自分工，从幼儿早操中的理论依据陈述到动作的创编示范，从教师的参与到家长的参评，整个活动让教师专业因此发展，任务不显枯燥，幼儿从中受益！不仅教师如此，保育员"我会扎辫子""我会唱儿歌""我会讲故事"……系列提升技能大赛、厨房人员"面点王""烹饪星"大赛等，均以活动促进步、以创意显特色。

教师只有拥有一种物质、精神和心灵的幸福生活，才会传递给孩子幸福的观念、幸福的品质和幸福的能力。在松幼，教师的良性发展已然成为孩子们得以幸福的最好保障。

三、灵动的课程——幸福的要素

在松幼，环境是课程，活动是课程，甚至孩子们入园、晨练等一日生活的小细节也是有效的育人课程。

"儿童是在与周围环境相互作用的过程中，逐步建构起关于外部世界的知识，从而使自身的认知结构得到发展。"我们将每个功能室赋予个性化命名，并与松山湖的风景名胜区密切关联，如美术室为松湖画海、音体室为梦幻

百花谷、绘本馆为松湖烟雨……幼儿徜徉其中，有如漫步美丽的松山湖畔，爱园爱家乡之情油然而生。

为了缓解新生入园焦虑，从开园初期的"入园十三忌"教师情景剧表演到爸妈陪伴"亲子游园"半日活动，从行政入班讲故事到家长进园当助教……各类活动让幼儿适应新环境，适应心理变化，顺利过渡。

每周三的清晨，幼儿园成了一个活力十足的游乐场，为了提升幼儿体能，我们在全园可利用的各个空间设置"关卡"：葡萄架绑上铁链，孩子们"飞夺铁链"；楼梯上铺上硬纸皮，孩子们或爬或滑；走廊中搭建"桥梁"，孩子们勇敢"过河"……户外体能大循环活动，真正让孩子们动起来、热起来、壮起来！

幼儿园就是一个小社会，为了提升幼儿适应社会的能力，体验和感受社会角色，我们在12个中大班每个班开设一个社会区域，这些区域紧密与时代结合、与时尚结合。例如，华为小镇、松幼银行、儿童医院、水墨作坊等。孩子们用特制存折到"银行"取钱，到各个区域消费、感受，通过各种类型区域的参与，经过交流、沟通，孩子们的社会性交往能力充分得到发展，人手一本的"幸福中国小创客"区域记录册中也将孩子游玩的点滴记录其中，小创客精神在此凸显。

我们在一日生活中渗透着创客的精神，真正让师幼成为"幸福中国小创客"课程的践行者。

四、家园的合作——幸福的支撑

多位来到幼儿园跟岗的外校教师发现，松幼的各个角落总能见到家长的身影，孩子入园、离园，他们身着"幸福义工"的马甲站立在街头巷尾指挥着交通，为幼儿保驾护航。区域活动开始了，他们又以"教师"的身份走进各个区域，去做"科学老师"、去当"英语助教"。每周三的"忆童年"游戏开启，家长们早早来到校园，带领着孩子们做起了游戏……不仅在实地参与，每周五的"幸福故事汇"开播，家长们又在"空中"与孩子们开始了心灵的对话——绘本的阅读。

三年"幸福教育"的践行给教职工们带来了无处不在的惊喜！教师参加东莞市慕课评比连续两年获幼儿园组一等奖、东莞市幼儿园一日生活活动案例喜获一等奖、教师自制教玩具作品不仅获得省、市一等奖，还代表东莞市参赛，喜获全国二等奖……陈果园长、张倩副园长均被评为东莞市名园长工作室、名师工作室主持人。幼儿兴趣社团异彩纷呈，篮球、舞蹈、美术等社团团员参加园区比赛均获金奖。

理想的教育是"培养真正的人，让每一个人都能幸福地度过一生"，这就是教育应该追求的恒久性、终极性价值。

松山湖中心幼儿园在办一所幸福的本真乐园中主动思考、巧花心思，在环境、活动中渗透创新思维，培养幼儿开心玩、大胆想、勇敢做、自信说、学会爱的能力，全力打造幼儿、教师共同发展，家长陪伴参与的幸福教育品牌，让幸福的种子生根、发芽、长叶、开花。

（此文刊载于《东莞教育》2019年第4期）

陈老师，请您记得

校门口的合欢花开了，一朵朵毛毛的小绒球似的合欢花，落落大方地笑着，可爱极了。它们火红火红的，像我在意大利时傍晚看见的晚霞一样。但却又更像一抹胭脂，晕染在绿色的树叶上，看着它们，似乎闻到了花香。那是一丛小小的灌木，开学的第一日我便注意到了它，为什么呢？因为我一看见它，便想到了陈果老师。您总是穿红衣服，说话很有趣，我感觉，您在所有教过我的老师中，是很特别的一个，就像那株合欢花，独显自己的风格。

但是，老师您就要离开了，去别的地方，不能再教我们了。我强忍着泪水，一个个与您在一块儿上课、聊天的情景就像电影一般在我眼前放映，一切都像发生在昨天，但今天却要分别。我当然知道，天下没有不散的宴席，可我还是好想好想留住您，留住那些回忆。我们班的同学都十分舍不得您！所有人在听到这一消息时都泛起了一丝伤感。有留恋，有快乐的回忆，有汗水付出时的满足……也有几丝对您的愧疚！只怪我们没珍惜以往同您在一起的日子！

您的离开，不必刻意留下些什么。您已经在一天天的日子中给我们留下了更为珍贵的东西——回忆、教诲、欢乐以及您阳光的个性、富有智慧的性格。这已使我们终身受益了！您为我们做了许许多多，我能做的，我们大家能做的，也只是请您记得曾经有一个"小鸟天堂"为您带来了许多美好的回忆！

请您记得，请带走清晨我们的书声；请您记得，运动场上我们共同的汗水与期望；请您记得，看一夜繁星，会有一颗是我们对您的思念……请您记得它们，也许，在以后的日子里，您会有值得自豪的东西。

我还记得，您的各种教学妙语：

"德字怎么写？记住了，有个日本人叫十四一心啊。"

"得作文者得天下。首先，可以去模仿书中文章再行更改。比如，这《少年闰土》的写法是……"

唉！人在离别时才明白要珍惜共处的时光。像走路一般，一条路走完，再走一条路……永远不能回头。时光老人给任何人的时间都一样，但是他又安排了一些你生命中对你很重要、很难忘却的人。虽然社会世态炎凉不定，可是有了您，以及未来中的一些人，我的远方就是光明的和拥有信念的。

我父亲曾在我九岁时同我讲："灵儿啊，你可不能对老师不好啊，因为有些人，他（她）可能是你一辈子的恩人。他（她）所教给你的东西，不止表面上那么简单。这些东西，在未来有可能改变你一生的命运，让你受益终身。"我父亲是一个极富智慧的人，当年他白手起家，没有一点后台，但却成就了今天的事业。我虽不是很明白，但我仍旧点点头，将这句话记到了现在。

您——我们六年级（1）班的恩师。

陈老师，不必太牵挂！只恳求您能记得一些美好的时刻。我会永远记住您的。再见了，陈老师！愿您的工作一帆风顺。再见了，老师。再见了！

我本来是打算不哭的。可是写到这儿，眼泪却流了下来。请您离开的时候，告知我们一声。

陈老师，谢谢您，再见了。对您的思念，我也只能用文字浅显地写一写罢了，那是难以讲述的。

您的学生：莫灵儿

2016年4月8日

（写于陈果老师赴任松山湖中心幼儿园园长之际）

幸福，是奋斗出来的

她出生于书香世家：父亲是当地艺术团团长，母亲是小学校长。1995年3月，从师范学校毕业半年，未满19岁的她为自己的人生做了一个重大的抉择：坚信"不靠父母靠自己"的她离开优越的家庭环境，南下东莞，开启了自己的奋斗之旅！她把根扎在了东莞这方热土，这一"扎"就是24年。

一、奋斗，以自立为名！

陈果来莞的首份工作是担任一所农村小学的六年级英语教师，当夜幕降临，本地教师全部回家了，这个从未离开父母的城里姑娘只身一人住在偌大的校园，孤独、恐惧、无助袭来，她没有把这一切告知家乡的父母，而是坚定自己内心"自立"的信念，默默承受一切困难。为了适应英语教师岗位，她外出听课、钻研教材，一个非英语专业毕业生硬是靠着自己的刻苦与努力，顺利完成了六年级毕业班英语教学任务。除此之外，镇区举行歌唱大赛，她积极报名，在比赛中脱颖而出，喜获亚军。仅仅这些还不够，为了实现更高目标，她又凭借实力考上了中学音乐代课教师岗位，担任高中音乐教学任务。一个中专毕业生，任教高中音乐课程，似乎颇具挑战。她业余时间不断学习，先后取得大专、本科文凭，为自己站稳脚跟夯实了基础！由于综合素质高、写作和表达能力强、主持功底深厚，很快她就被镇领导"慧眼识珠"，年仅24岁的她被委派到镇中心幼儿园担任园长一职……在此期间，她先后获得镇区音乐教师技能比赛单项金奖、朗诵比赛一等奖、论文比赛一等奖、上课比赛一等奖……自立，让她尝到了艰辛，也让她积淀了丰富的阅历与经验！

二、奋斗，为追梦而来！

2006年，松山湖这片尚未完全开发的土地迎来了教育人的春天，东莞中学松山湖学校小学部正式成立，面向全国招聘教师，已在东莞某镇区教育界颇有名气的她选择了出发，追逐一个教育者的理想之梦。

美丽的松山湖，既是创业者的天堂，也是历练人的熔炉。刚到松山湖的那年，暑假还没开始，她便直接进入了新学校的上班模式，成为松山湖学校小学部首批筹备办组员，招聘教师、制定课表、参与课程构建……整个暑假，她休息的时间加起来不到一周。2010年6月，中心小学抽调骨干组建实验小学行政班子，她又被安排到中心小学德育管理岗位，顶替抽调的主任一职，因人手不够，她除了承担德育管理之外，还兼任一年级班主任、年级组长。她在各个岗位默默耕耘，无怨无悔，几乎年年获得学校优秀班主任称号、多次承担语文教学公开课教学任务；她精心策划艺术节、毕业晚会……她为提升班主任素养和学校德育主题活动的构建与实施立下了汗马功劳。她撰写的《超越学科化思维的品德课程重建》发表在《中国教师》杂志，她主持的德育课题立项，她参与编著的书籍出版发行，她被评为东莞市名班主任工作室主持人……

也正是这段累并充实的岁月，让她脱胎换骨。追梦，让她从一个普通教师向有情怀、有思想的教育人迈进了一步。

三、奋斗，让幸福花开！

2016年4月，对于陈果来说又一次挑战摆在面前，松山湖将于当年新开一所公办幼儿园，历史的重任再次落在了她的肩上。已是松山湖中心小学"元老"的她本可以依然从事驾轻就熟的工作，可是，这次陈果选择了再次出发。在园区教育局领导的支持下，刚刚接到任命，她就马不停蹄开始了参与设计规划、招聘教师、幼儿园理念的顶层设计工作。她再次经历了一个没有休息的暑假。筹备初期，人员刚刚到齐，团队拓展、岗前培训、家长工作、幼儿入园焦虑等困难便扑面而来。多少个日夜，她都无暇顾及自己的家庭。她用满腔热情打造了一支具有精品意识和创新思维的团队。幼儿园创办不久，她所倡导的"让孩子享受幸福的教育、让教师感受教育的幸福、让家长参与幸福的体验"办园理念已经在美丽的松山湖落叶开花，惠及千家！孩子们的进步、家长们的信任、教师们的成长，是对她最好的报答。

24年间，她的足迹踏遍教育领域的各个学段，经历了从小学英语教师到

中学音乐教师，中学音乐教师到幼儿园园长，再到小学语文教师、德育主任，最终回归幼儿园园长岗位的历程，在不同学段的教育模式下转化，她学会了适应，懂得了创新，这样的教育生涯也成就了脚踏实地的她。一路走来，凭着一股韧劲，她付出了汗水，在奋斗的路上，她也收获了幸福、成就了自我！

（此文系陈果获评"最美松湖人——奋斗之星"材料）